科学游戏，
给你开启一个奇妙的世界

让孩子痴迷的趣味科学游戏

白雯婷 / 主编

華龄出版社

责任编辑：李英卓
责任印刷：李未圻
封面设计：颜　森

图书在版编目（CIP）数据

让孩子痴迷的趣味科学游戏 / 白雯婷主编. --北京：华龄出版社，2018.3
ISBN 978-7-5169-1194-5

Ⅰ. ①让… Ⅱ. ①白… Ⅲ. ①智力游戏－少儿读物
Ⅳ. ①G898.2

中国版本图书馆CIP数据核字（2018）第051072号

书　　名：让孩子痴迷的趣味科学游戏
作　　者：白雯婷　主编

出 版 人：胡福君
出版发行：华龄出版社
地　　址：北京市东城区安定门外大街甲57号　邮　编：100011
电　　话：84044445（发行部）　传　真：84049572
网　　址：http://www.hualingpress.com

印　　刷：三河市龙大印装有限公司
版　　次：2018年6月第1版　2018年6月第1次印刷
开　　本：710×1000　1/16　印　张：14
字　　数：170千字
定　　价：38.00元

前言 Preface

有一句谚语是：

If life gives you lemons, make lemonade.

直译就是，如果生活给予你柠檬，你就将它做成柠檬汁。

这句话的含义是，生活中很多事情客观存在，无法改变，它是实实在在的生命赋予的“柠檬”，这些“柠檬”可能或好或坏，而我们要做的就是用自己的能力优化这些现有条件或者困难，将其变成可口的“柠檬汁”。

由此可知，生活中的很多事情都可以给予我们生命的启发和进步。

有几个外国男孩儿也拿到了一个柠檬，但是他们并没有将它做成柠檬汁，而是让柠檬变成了电池。

在一个寒冷的冬日，几个男孩儿拿来了一个柠檬，他们在柠檬上插了两排形状大小不一的钉了，又用金属线将两排钉子连上，当他们把两根电线头在引燃物上摩擦时，神奇的事情发生了！引燃物点燃了！这个柠檬就被这群男孩子做成了一个能够发电的电池。

这个简易电池利用了柠檬富含酸性物质的特性，让金属导体在酸性物质里发生电解反应形成电解差，当导体形成回路时，就会产生电流。这个简单的装置包含了化学、物理等学科知识。

科学所打开的世界越来越辽阔，越来越奇妙……

这样看来，科学是这样近在咫尺，平易近人，实际有用，简单易行。它们经由科学家来源于生活，又经过知识人回归于生活。

正如居里夫人所说：科学家的天职让我们应当继续奋斗，彻底揭示自然界的奥秘，掌握这些奥秘以便能在将来造福人类。

伽利略也曾说过：科学的真理不应该在古代圣人蒙着灰尘的书上去找，而应该在实验中和以实验为基础的理论中去找。真正的哲学是写在那本经常在我们眼前打开着的最伟大的书里面的，这本书就是宇宙，就是自然界本身，人们必须去读它。

在本书中，我们为小读者打开的就是这样一扇新世界的大门。

我们可以发现，科学可以成为一个充满趣味的游戏。我们更能发现生活中触手可及、随处可见的东西，都能成为泅渡知识海洋的工具。

你看到过发霉的苹果，但你有观察过微生物的世界吗？

你时常用到水，但你知道水的魔法吗？

你学到过“力”的概念，但你了解力的运作是怎样进行的吗？

你身边到处都是植物，但你看到过它们的生物属性和成长特点吗？

你看见光、听到声音、呼吸空气……但你真的走进过它们的世界吗？

当物理、化学、生物、数学、地理知识等变成了简单易行的游戏，当水、力、光、植物、数字等变成了好玩易懂的实验，我们的智慧将会受到怎样的启迪？我们的心灵又会感受到怎样的快乐？

当实验变成一种亲子互动，知识变成一种趣味游戏，真正的知识就会在润物细无声的感召中到来。

提醒：涉及刀、剪刀、玻璃、火等的实验，请一定在家长的监督下进行，以免发生意外。建议亲子互动，不要个人尝试。

谢谢阅读！

目录 contents

第一章 力量去哪儿了

第二章 拜托了，空气

第三章　蒙面声音猜猜猜

第四章　啊，是电磁啊

第五章　非“光”勿扰

第六章　我的“水”神啊

第七章　奔跑吧，温度

第八章　百变数字君

第九章　植物秀

第十章　微生物驾到

第十一章 地球情报局

第十二章 生活百乐门

第一章　力量去哪儿了

水，打结了

绳子可以打结，那么你知道连水也可以打结吗？

准备好了吗

1只一次性杯子，1把小锥子。

开始游戏

1. 使用小锥子将杯子底部扎两个相距约8厘米的孔。（孔不宜扎得太大）。

2. 打开水池里的水龙头，向杯子里倒水（水量不宜太大）。

3. 观察发现，水从杯子下面的小孔流出来，形成两道细细的水柱。

4. 用手指捏一下两道水柱，你会看到水柱合成了一股水流。

游戏中的科学

这个小游戏涉及水的表面张力原理。表面的一个水分子因上层空间气体分子对它的吸引力小于内部液相分子对它的吸引力，所以该分子所受合力不等于零，其合力方向垂直指向液体内部，结果导致液体表面具有自动缩小的趋势，这种收缩力称为表面张力。也就是说，水的表面积有缩到最小的趋势。

如果把两股水流连在一起，它们便不会再分开，从而保持最小的表面积。

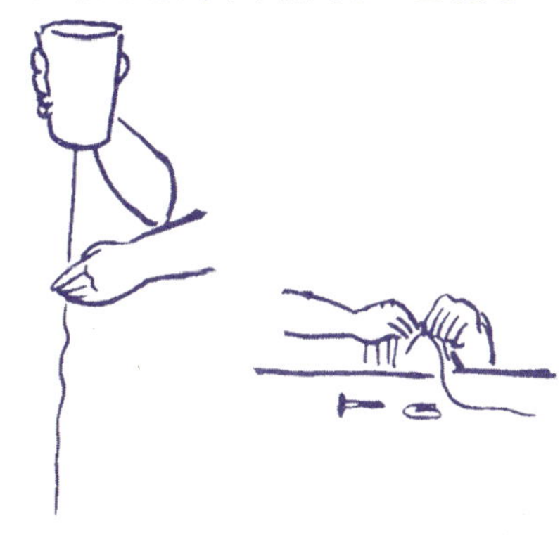

你知道吗

常见几何图形的表面积是如何计算的？

圆柱体的表面积＝上底面积＋下底面积＋底面周长×高。

长方体的表面积＝（长×宽＋长×高＋宽×高）×2。

正方体的表面积＝边长×边长×6。

水面漂浮的针

针可是铁做的，那么水面上能漂浮的针是不是很神奇呢？

准备好了吗

1个脸盆、1根针、肥皂水。

开始游戏

1. 将脸盆里倒满水，待水面平静。

2. 将针轻置于水面中央处，观察发现针居然漂浮在水面上。

3. 慢慢滴入肥皂水，针立刻沉入水中。

游戏中的科学

针之所以能漂浮在水面上，是因为水具有表面张力，从而托住了针。然而加入同为液体的肥皂水后，破坏了水的表面张力，所以针会立刻下沉。

你知道吗

为什么肥皂水能降低水的表面张力呢？首先我们要从表面活性剂说起。表面活性剂是能显著降低表面张力的溶剂，肥皂水是一种阴离子表面活性剂，所以它能降低水的表面张力。有兴趣的小朋友可以考虑下，还有哪些表面活性剂？为什么表面活性剂能降低水的表面张力呢？

一根筷子提米瓶

瓶子里塞满了米粒，变得很重，但是你用一根筷子，就能很轻松地把瓶子提起来。

准备好了吗

1个瓶口较窄的玻璃瓶，1根筷子，1大碗生米。

开始游戏

1. 将玻璃瓶里装满米。

2. 将1根筷子深深地插入米中，同时把筷子周围的米用力按紧。

3. 拿起筷子向上提，筷子紧紧地带着瓶子提起来了。

游戏中的科学

由于瓶子内的米被挤压得很紧，于是筷子和米之间产生了极大的摩擦力，如上操作，筷子不但抽不出来，反而能将很重的瓶子提起来。

你知道吗

两个互相作用的物体，当它们发生相对运动或有相对运动趋势时，在两物体的接触面之间会产生阻碍它们相对运动的作用力，这个力叫摩擦力。摩擦力很大程度上和压力有关，还和两个物体间的摩擦系数有关。

奇特的水动力

通过水的反作用力，水杯可以向前行驶。

准备好了吗

1个纸杯，1根吸管，双面胶，透明胶，1块薄塑料板，装水的水盆。

开始游戏

1. 在纸杯杯壁下方钻个小孔，把吸管插进去，用透明胶密封小孔。

2. 用双面胶把纸杯固定在塑料板中间，然后放进水盆里。

3. 不断向纸杯里倒水，使吸管流出的水可以直接流进水盆，这时纸杯就会自动向前移动。

游戏中的科学

水杯之所以向前移动，是因为水从吸管处流进水盆，给水盆里的水施加了一个力，加上力的作用是相互的，于是水杯向前移动。

你知道吗

这个小游戏的原理就是牛顿第三定律。它的内容是“两个物体之间的作用力和反作用力，在同一条直线上，大小相等，方向相反”。

快来看，蜡烛跷跷板

小朋友都坐过跷跷板吧？是不是觉得特有意思，我们也可以自己制作一个小的跷跷板。

准备好了吗

1根吸管，2柄回形针，1枚缝衣针，打火机，2个玻璃杯，2根

细生日蜡烛。

开始游戏

1. 把缝衣针横穿过吸管中央部位，蜡烛插在缝衣针的两端。

2. 分别把两个回形针卡在两个杯子的杯口。

3. 将吸管穿过回形针固定在杯沿上，跷跷板就做好了。

4. 点燃蜡烛，跷跷板就开始左右摇摆了。

游戏中的科学

刚开始时，跷跷板的中心正好在它的轴中心上（吸管中央），因此两支蜡烛保持了平衡状态。但是点燃蜡烛后，只要一端的蜡液落下，蜡烛变轻，重心就会转移到另一端。两端的蜡烛不断滴下蜡液，重心也不断地发生调整，跷跷板就会自动摇摆了。

你知道吗

这个小游戏的本质就是利用了物理学中的杠杆原理。由于两支蜡烛离吸管中心的距离是一样的，它们重量的改变直接导致了这个“跷跷板”的不平衡，于是跷跷板就会自动摇摆了。

一座纸桥

一张纸是多么薄弱，它也能当桥吗？

准备好了吗

3个杯子，1张手工纸。

开始游戏

1. 把纸竖着对折（如下图），并把它架在两个杯子之间。

2. 把杯子放到折好的纸上面，你会发现纸张像桥一样支撑住上面的杯子。

游戏中的科学

把纸折叠起来，杯子的压力就分散到多个斜放的纸墙之上，从而比平面的纸张具有更大的承受力。

你知道吗

许多桥墩也是这个原理，桥墩的增加分散了压力。你也可以观察到，生活中很多这样W形的承重现象。

怎么也打不翻的碗

通过下面的游戏，想必你对力的传递会有更深的认识。

准备好了吗

2个大碗，1根筷子。

开始游戏

1. 在桌子上放2个大碗，分别注满水。

2. 把一根干燥的卫生筷横跨在2个大碗上。用手往筷子中央劈去，筷子立刻断成两截，但两个碗稳稳地立着。

游戏中的科学

首先，大碗里装满了水，重心偏下，当手向筷子中心砍去时，力的方向和整个系统的重垂线是平行的，系统同时承担了冲击力，而筷子比较脆弱，所以筷子立刻断裂，两个碗保持不动。

你知道吗

如果横跨在碗上的不是卫生筷，而是一根铁筷，用重物击打铁筷，碗肯定会倾覆。

吹泡泡的卷轴

卫生纸卷轴也可以吹泡泡。

准备好了吗

2个卫生纸卷轴，肥皂水，清水。

开始游戏

1. 将卫生纸卷轴的一段浸在肥皂水里，使其形成一层肥皂膜。

2. 将卫生纸卷轴的另一端浸在清水中，结果肥皂膜渐渐地鼓胀起来。当卫生纸卷轴压到水底的时候，肥皂膜鼓得最大。

游戏中的科学

当我们迫使卷轴向下时，外界压力推动水进入卷轴，使得卷轴内的空气受到挤压，逐渐上升，从而推动肥皂膜，由于肥皂膜本身具有表面张力，因此鼓胀起来后还不至于破裂。

你知道吗

洗衣服的肥皂液稀释后，可以成为好玩的游戏——吹泡泡。肥皂在水里溶解后，它的分子还是紧紧地手拉着手，而且还能伸长。当空气吹进去时，肥皂水形成很结实的膜，能鼓成很大的泡泡。普通水分子之间拉得不紧，无法形成结实的膜，所以吹不出结实的泡泡来。

旋转吧，我的纸盒

通过下面的游戏，你将知道如何让纸盒自动旋转起来。

准备好了吗

1个小空纸盒，1根细绳子，1个小锥子，1个水杯，装有水的盆子。

开始游戏

1. 在纸盒4个侧面的左下角各钻1个孔，再在纸盒顶部中央钻1个孔。把细绳系在顶部的孔上。

2. 将纸盒放在水盆里，给纸盒灌上水，然后提起纸盒顶部的绳子，你会发现，纸盒在空中自动快速旋转起来了。

游戏中的科学

水从纸盒的小孔里流出时会产生一个推力，由于纸盒的4个流水孔都在每个侧面的左下角，所以纸盒的每个角都受到了水流的推力，这样纸盒就快速地旋转起来了。

你知道吗

假如4个孔在纸盒侧面的中心，那么水流产生的推力将会相互抵消，纸盒也就无法旋转。

摇摇欲坠的色子

从摇摇欲坠的色子塔里取走硬币，是不是很刺激？

准备好了吗

6枚塑料色子，1枚硬币，1支弹簧圆珠笔。

开始游戏

1. 用6枚色子摞起1座小塔，在它们中间放1枚硬币，这个小塔摇摇晃晃的。

2. 把圆珠笔靠近小塔，保持一段距离，用手指按住笔上的弹簧，然后松开，弹簧会把硬币从塔中间弹出去。而小塔还是摇摇欲坠，却并没有倒。

游戏中的科学

圆珠笔的螺旋弹簧的运动，闪电般传递给硬币，但由于表面光滑而且阻力小因此不能传递给色子，色子本身具有惯性，于是停在原地保持不动。

你知道吗

物体质量越大，本身的惯性也就越大。

有弹性的冲击

利用硬币，我们可以发现一些更有趣的现象。

准备好了吗

7枚硬币，光滑的桌子。

开始游戏

1. 将6枚硬币紧挨着排成一列，让它们相互接触。在它们的延长线上保持一段距离，再放1枚硬币，然后用手指去弹这枚硬币，发现前面6枚硬币的最前面一枚硬币滑了出去。

2. 再将5枚硬币紧挨成一列，用2枚硬币去撞击，发现这次前面有2枚硬币滑走。

游戏中的科学

硬币相撞，产生了弹性的冲击力，在同样材料的物体中继续传递，于是最前面的硬币被弹开了。手指弹出的力量只决定前面硬币划出的速度和距离，而和滑出的数量无关。

你知道吗

如果这个游戏不在光滑的桌子上进行，而是放在毯子上面，这个游戏就会彻底失败。因为弹性力全被摩擦力给抵消掉了。

钉鞋和塑胶跑道

为什么运动员要穿钉鞋跑步呢？

准备好了吗

钉鞋，普通球鞋。

开始游戏

1. 让孩子穿上普通球鞋在塑胶跑道上奔跑一段距离。

2. 让孩子穿上钉鞋在塑胶跑道上奔跑同样一段距离。

3. 让孩子自己感觉，明显穿上钉鞋后，奔跑速度和力量更强。

游戏中的科学

塑胶跑道比普通跑道更有弹性，穿上钉鞋以后，增大了跑步时的抓地力，在蹬地时钉子就会扎进跑道，等抬腿迈步时，钉子又能很容易地拔出来。这样，脚踏地时不再打滑，借助蹬地的反作用力可以蓄积更大的力量，很容易地跑得更快或跳得更远。而普通鞋鞋底的摩擦力较小，容易打滑，重心不稳，更重要的是蹬地的力量小，与钉鞋相比，它的作用不够。

你知道吗

如果平时没穿过钉鞋，正式比赛的时候反而不适合穿钉鞋，因为钉鞋对踝关节的要求很高。

开罐头，不费力

使用螺丝刀开罐头，如果不知道诀窍就会很费力气，你知道诀窍是什么吗？

准备好了吗

2个水果罐头，长、短螺丝刀各1把。

开始游戏

1. 先用长螺丝刀开启水果罐头。

2. 再换用短螺丝刀开启水果罐头，小朋友会发现长螺丝刀比短螺丝刀要省力得多。

游戏中的科学

这个游戏的诀窍在于运用杠杆和力矩的关系。力矩等于作用在杠杆上的力乘以支点到力这个方向的垂直距离。在小朋友的力一定的情况下，支点到力的垂直距离越大，就越容易开启罐头。

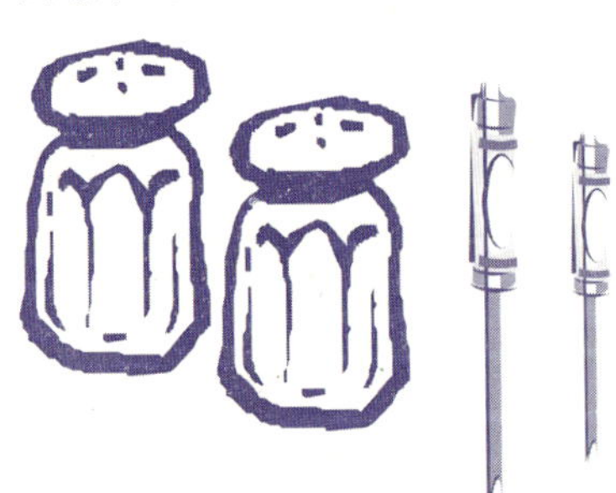

你知道吗

阿基米德曾经说过，“给我一个支点和一个足够长的杠杆，我就能撬起地球”。生活中很多地方也运用了杠杆原理。

弹性卡片

利用简单的道具，我们就能做一个弹性卡片。

准备好了吗

硬纸板，橡皮筋，剪刀，彩色笔。

开始游戏

1. 将厚纸板剪成两倍名片大小的长宽，然后对折，使折痕清晰。

2. 在卡片的两端各剪两个缝缺，在缝缺上套一条橡皮筋。

3. 把卡片摊开压平，手指松开，卡片“啪”地一下跳起来了。

游戏中的科学

当我们把卡片摊开时，卡片将橡皮筋的张力拉到最大，但是因为橡皮筋有弹性，它急需恢复原状，所以当我们的手放开时，橡皮筋瞬间恢复弹性的力量，使卡片跳起来，这力量必须是瞬时的，才有爆发力。

你知道吗

在冷兵器时代，弓箭是最凶狠的武器之一，它的制作原理就是利用弹性形变带来的巨大冲击力。

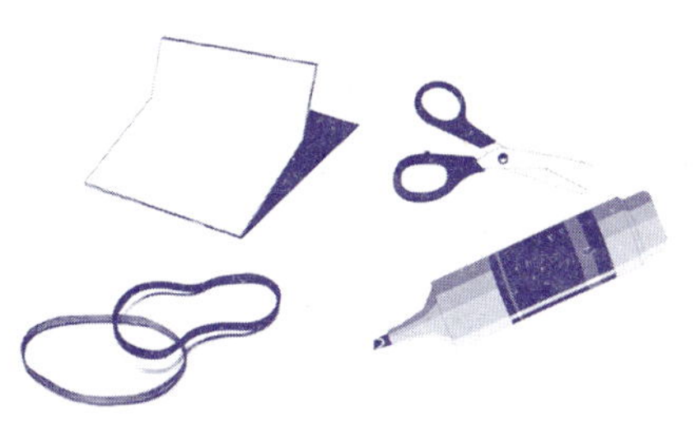

摔不碎的灯泡

按照下面游戏的方法，易碎的电灯泡也摔不碎。

准备好了吗

旧灯泡，报纸。

开始游戏

1. 站在硬地板上，先给地面铺上1张报纸。

2. 手拿1只旧灯泡，把灯泡的金属部分朝下，然后松手，我们可以看见掉下的灯泡安然无恙，并没有摔破。

游戏中的科学

灯泡的金属部分，在落地时吸收了冲击力，保护了灯泡不会破。虽然灯头落地时灯泡会略微跳动一下，但这么小的力量是不会把灯泡打破的。

你知道吗

这个游戏需要几次尝试，因为如果是玻璃先接触地面，灯泡就会破碎。

飞出去了，飞回来了，回旋镖

那种飞出去以后自动回转的飞镖，你知道为什么它能飞回来吗?

准备好了吗

硬纸板，铅笔，砂纸，剪刀。

开始游戏

1. 先用铅笔在硬纸板上画出“v”形飞镖的形状，两端的拐臂大约要20厘米。

2. 用剪刀沿着所画的线剪下来，并用砂纸把边角磨圆。

3. 用拇指和食指夹住飞镖的一端，让另一端对着自己，使劲朝一个小小的斜度抛出去，它就会在空中画一条曲线，然后飞回身边。

游戏中的科学

飞镖以一个小斜度抛出，就会始终受到一个斜的空气阻力，

从而使飞镖不断地改变方向，在空中划过一个圈，又回到抛出点附近。

你知道吗

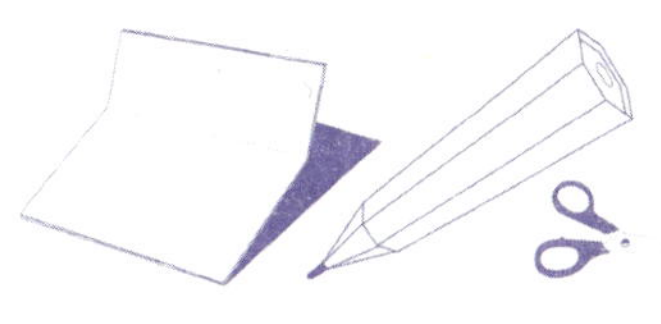

小小的一个飞镖其实也蕴含着空气动力学的原理。回旋镖专利属于澳大利亚土著人，它是土著人在漫长的狩猎实践中最伟大的发明之一。

推不倒的不倒翁

不倒翁，无论你怎么推它，它都是站立不倒的，你知道为什么吗？

准备好了吗

锥子，蜡烛，生鸡蛋，热水，针管，胶带。

开始游戏

1. 用锥子在鸡蛋较尖的那端轻轻戳个小洞，用针管把蛋黄和蛋清吸出来，再用清水洗净蛋壳，晾干。

2. 将鸡蛋里装上蜡烛屑，封上小洞之后，将鸡蛋放到热水里加热，等蜡大概融化之后，把蛋壳拿出来冷却。

3. 不倒翁制作成功，怎么推，它都是站立不倒的。

游戏中的科学

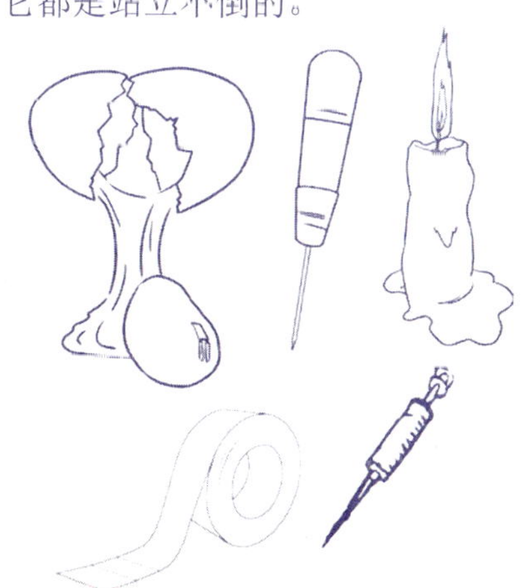

不倒翁是巧妙利用物体的重心定性从而保持平衡的，在这个游戏中，装了蜡屑的不倒翁的重心被转到有蜡的位置，重心被固定了，不管你怎么推动蛋壳，它都会回到原来的平衡状态。

你知道吗

小朋友可以尝试给鸡蛋里放

细沙进去，会发现一推就倒。因为沙子是流动的，它的重心无法确定。

谁是第一

在同一斜面不同形状的圆形物体，猜猜谁滚动得最快？为什么？

准备好了吗

圆环，圆盘，玻璃弹珠，空心球，长木板，木块，直尺，铅笔。

开始游戏

1. 用直尺和铅笔在木板的边上画一条线，用木块垫起木板有线的一端。

2. 把圆环、圆盘、玻璃弹珠、空心球放在线上，同时放手。

3. 发现玻璃弹珠最先滑下。

游戏中的科学

物体滚动的速度与其重心周围的重量分布有直接关系。这种重量分布形成惯性矩，而玻璃弹珠的惯性矩最小，所以它滚得最快。

你知道吗

惯性矩是相对于一个点（围绕着旋转的点）而言的，所以圆环的惯性矩最大，滚得最慢。

向高处滚动的盒子

一般的物体都是向低处滚动，你见过自动往高处滚的盒子吗？

准备好了吗

有盖的圆盒子（胶卷盒），小石子，黏土，长木板，笔，1本书。

开始游戏

1. 用黏土将小石子固定在圆盒子内部的边缘上，盖上盒盖。

2. 用长木板垫本书制作成一个小的斜面。

3. 把盒子放在斜面底部，使有标记的位置放在略靠前的位置，然后松手。你会发现，圆盒子竟然会沿着斜坡向上滚动。

游戏中的科学

圆盒子之所以能够沿坡而上，是因为其中那块小石子的作用。小石子使盒子的重心偏向斜面上方，形成一个力矩，在此力作用下盒子被拉向斜面的上方，从而盒子向上滚。

你知道吗

圆盒受到的地心引力比下坡的地心引力要大，所以盒子才会向上滚。

失重了，失重了

物体在突然失重的情况下，会发生很多奇妙的现象。

准备好了吗

砖块，纸条，火柴，棉线。

开始游戏

1. 取两块砖，上下叠好，中间夹入一张狭长纸条，纸条被紧压在中间很难抽出来。

2. 用棉线将两砖块吊挂起来，用火柴烧断两块砖的棉线，使得砖块自由下落，同时用手抽拉纸条（小心危险），结果被砖块压着的纸条很容易被拉出来。

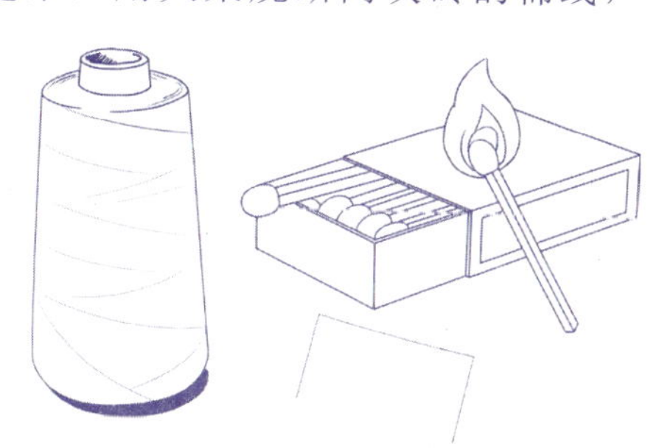

游戏中的科学

砖块在自由下落时处于失

重状态，其重力全部用于提供向下的加速度，因此两块砖头间的压力为零，纸条就很容易就被抽出来了。

你知道吗

对于失重的了解，帮助人类打开了探索宇宙的钥匙，人类经过一些相应训练，就能在某种程度上适应失重了。

拉不直的绳子

中间吊着物体的绳子很难被拉直，你知道这是为什么吗？

准备好了吗

绳子，2块砖头。

开始游戏

1. 用棉线把2块砖头捆在一起（注意危险）。
2. 在绳子中间，拴上砖头，绳子另一头系在杆子上。
3. 发现无论使多大劲，都无法将绳子拉直。

游戏中的科学

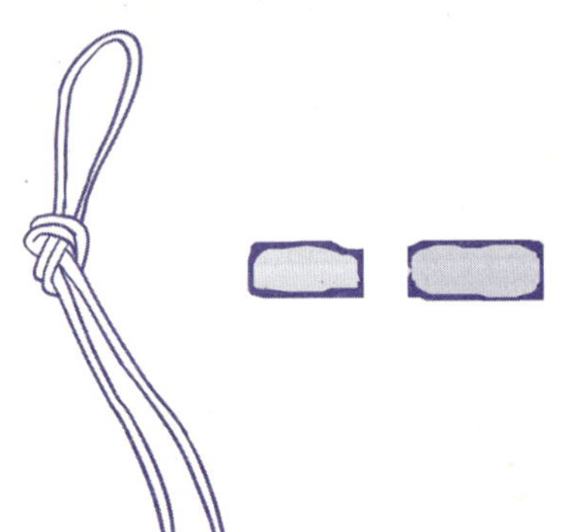

要使物体保持平衡状态，其所需合力必须为零，如果绳子是直的，就无法平衡物体向下的拉力，所以绳子不可能被拉得笔直，即使用再大的力也不行。

你知道吗

绳子的张角越大，所需要的力就越大；张角越小，所需要的力越小。

不规则的裂口

用铅笔和直尺很容易就能画出两条相互垂直的直线，那你能在纸上撕出两个互相垂直的裂口吗？

准备好了吗

纸手帕。

开始游戏

1. 取1张纸手帕，从上到下先撕出一个垂直于边线的口子，再从左到右撕出一个垂直于边线的口子。

2. 你会发现，虽然纸手帕很容易被撕破，但是顺着纹路的口子是一条直线，非纹路的口子不是直线。

游戏中的科学

纸手帕是在金属网上制成，所以纸手帕的纹路是朝着一个方向的，而另外的方向则没有这种连续的平行纹路。

力总是作用在最薄弱的地方，纸手帕上的平行纹路比另外的地方薄一些，所以当你顺着的纹路撕纸的时候，就可以撕出一条直线。相反，若你不顺着纹路撕，哪里是薄弱点，纸就在哪里裂开，这样就形成了一个不规则的裂口。

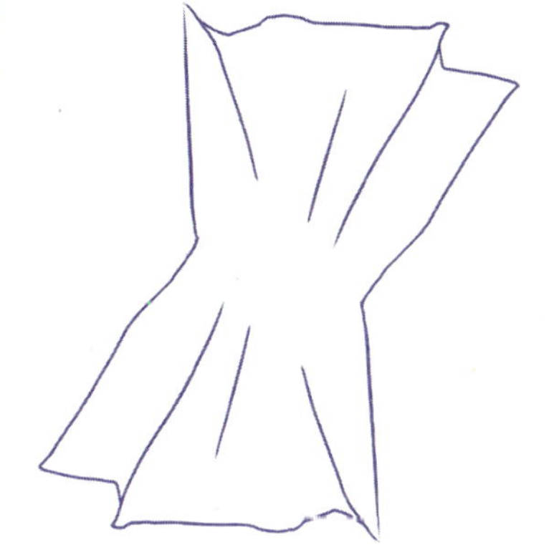

你知道吗

如果不是纸手帕，而是布手帕，用剪刀剪一个小口，你再开始撕，裂口也会和手帕的编造材质以及纹路方向有关。

跳不高的球

在下面这个游戏里，球跳不起来，笔却跳了起来。

准备好了吗

实心皮球，圆珠笔。

开始游戏

1. 把笔插进球里，要插得足够深，但也不可把整个笔头插进去，以不掉下来为宜。

2. 一手拿笔，手臂伸直，插着笔的球朝下，松手。

3. 球落地后，基本不跳，或者跳动很低，而笔却“砰”地一下从球中弹出来。

游戏中的科学

球从手中落到地上，仅仅失去了一小部分动能，但是把笔插进球里，球着地时，把动能传递给了笔，由于笔的质量比球小很多，同样的动能能使笔弹得特别高。

你知道吗

球刚开始的时候具有重力势能，在接触地面的一瞬间，大部分转换为动能和弹性势能，少部分被摩擦消耗掉了。这就是能量守恒定律，能量不会凭空产生，也不会凭空消失。

砝码，变重了

在下面的游戏中，砝码是真的变重了吗？

准备好了吗

500克的砝码，细线，小木棍。

开始游戏

1. 用细线系住砝码，将另一端绑在小棍子上，细线没有断裂。

2. 手握住小木棍缓慢将砝码提起。然后用力加速向上提起，结果细线断了。

游戏中的科学

这个小游戏包含了惯性及加速运动的原理。惯性是指物体总想保持原来的状态，直到有外力改变这种状态为止。而这个外力就是产生加速度的原因，用细线静止提着砝码，线的拉力等于砝码的重力，而向上的加速运动使细线的拉力大于秤砣的重力，细线使无法负荷，于是断裂。

你知道吗

你知道为什么运动员比赛之前要进行热身运动吗？就是为了防止突然的剧烈运动（比如加速跑）对身体造成危害。

压不坏的鸡蛋

鸡蛋很脆弱，可是在下面的游戏中，即使在鸡蛋上放重物也不会把它压坏。

准备好了吗

4只鸡蛋，小木板，几本厚书，橡皮泥。

开始游戏

1. 把橡皮泥分成4个小团，分别贴在地上，在每小团橡皮泥上直立1只鸡蛋。

2. 在4只直立的鸡蛋上面放1块小木板，然后在小木板上面放几本书，你会发现鸡蛋居然不会被压破。

游戏中的科学

如果把生鸡蛋横放，一压就破了，而直立就不容易破。这是因为材料相同，则在形状的不同时有不同的强度，就像把一个火柴盒平放和直立起来，两者所能承受的重量不相同，直立的火柴盒能承受更大的压力。

你知道吗

这个原理在生活中的应用也广泛可见，比如拱桥就可以行驶大货车，而一般的直桥只能行驶普通车辆。

一张纸的威力

一张纸也能举起一本书，你知道为什么吗？

准备好了吗

1张纸，1本书，胶带。

开始游戏

1. 把纸卷成1个纸卷，用胶带粘好纸的边缘。

2. 把纸卷立起来，并在上面放1本书，书很神奇地稳稳地被纸卷给托住了。

游戏中的科学

一张纸能承受多大的压力，主要取决于纸张受力时的弯矩。弯矩即纸张的受力点和受反作用力的点之间的距离。弯矩越大，纸张能承受的力越大，反之则越小。直接把重物放在纸上，则纸的受力点和受反作用力点几乎在同一位置，因此弯矩小，所承受的力就越小。把重物放在竖直的纸卷上，纸的弯矩较大，因此能承受较大的力。

你知道吗

生活中有许多蕴含上面小游戏原理的例子。不过，弯矩是一个复杂的物理名词，相信小朋友们以后一定会更深入地了解。

运输“巨石”的秘密

我们用很简单的道具，再现运输巨石的秘密。

准备好了吗

弹簧，几支圆形铅笔，木块，直尺，纸。

开始游戏

1. 用弹簧匀速拉动放在水平桌面上的木块，用直尺测量弹簧的长度并记录下来。

2. 将准备好的圆形铅笔整齐地排列好，把木块放在这些铅笔上。

3. 再用弹簧匀速拉动放在铅笔上的木块，同样用直尺测量弹簧的长度并记录下来。

4. 你会发现，下面垫上圆形铅笔后比直接拉动木块省力得多。

游戏中的科学

物体间互相接触产生相对运动，就会产生摩擦力，接触面越粗糙，摩擦力就会越大。在相同的条件下，质量越大的物体产生的摩擦力也越大。当木块下面垫上铅笔后，接触面变小，是滚动摩擦，比滑动摩擦要小，因此容易拉动。

你知道吗

金字塔、长城的建造，都离不开上面这个小游戏的原理。

纸筒里的电梯

通过下面这个小游戏，我们能很容易地模拟电梯的运行。

准备好了吗

光滑的绳子2条、大型曲别针2枚、薄杂志1本。

开始游戏

1. 将杂志卷成圆筒状，上下用曲别针夹住。

2. 将绳子对折由上往下穿入圆筒内，另一条也同样对折由下往上穿进圆筒内，然后穿过上面的绳子勾住下面的曲别针。

3. 双手上下握住绳子的两端。

4. 当下面的绳子松弛，上面的绳子拉紧时，圆筒便往下降；当上面的绳子放松，下面的绳子拉紧时，圆筒便往上升。

游戏中的科学

在地球引力的作用下，地球上的万物均有下落的趋势，因此当下面的绳子松弛时，圆筒由于本身的重力，向下落。而当下面的绳子向下拉的时候，圆筒就向上升。

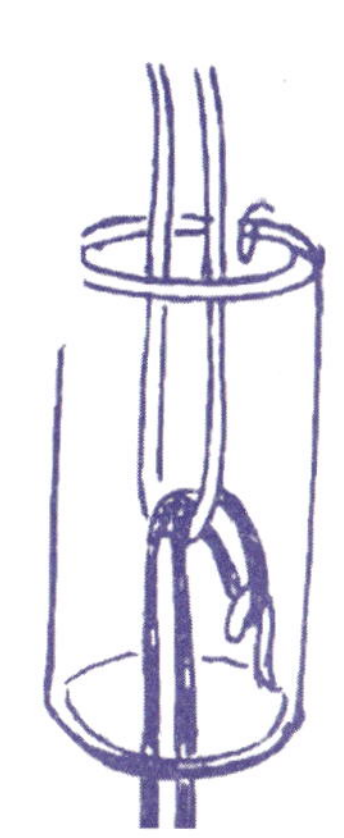

你知道吗

其实这个游戏原理很简单，就是力的传递，通过下面绳子与上面绳子的接触点以及下面曲别针的接触点，达到了传递力的目的。

熊猫踩滚筒

踩着滚筒的小熊猫就是不会掉落下去，你知道为什么吗？

准备好了吗

彩色胶卷盒，2个螺帽，1根细铁丝，泡沫塑料块，塑料套管。

开始游戏

1. 在胶卷盒盖和底部的圆心处钻一个和铁丝直径一样的小孔。

2. 用泡沫塑料制作一个小熊猫。

3. 把铁丝弯成一个曲轴。

4. 先把曲轴、两个螺帽和胶卷盒组装起来，用塑料套管定位。再弯一架小熊猫的支架，装上小熊猫就制成了。

5. 胶卷盒滚动时，就像小熊猫脚踩滚筒运动，始终能保持平衡状态。

游戏中的科学

这个小游戏原理和不倒翁的相同，曲轴始终保证两个螺帽的位置不动，使整个装置脚重头轻，保持平衡。

你知道吗

熊猫和曲轴组成的系统其实和胶卷盒是独立的两个系统。如果将塑料套管和胶卷盒用胶水黏合住，这个实验将不会成功。

第二章　拜托了，空气

简易版“抽水机”

我们利用手里的简易工具，就可以做成一个“抽水机”。

准备好了吗

2个透明玻璃杯，1支长吸管，1块硬纸板，1支蜡烛，1盒火柴，1把剪刀，橡皮泥，水。

开始游戏

1. 把两个玻璃杯并列放在桌子上，在左边的玻璃杯中点燃蜡烛，在右边的玻璃杯中放入水。

2. 把吸管折成门框形，在硬纸板上面用剪刀剪一个小洞，然后把吸管的一端穿过去。

3. 把硬纸板放在左边杯子上面，用橡皮泥把硬纸板与杯子接触的地方密封好，并把硬纸板与吸管的接触处也密封好。

4. 把吸管的另一端放在右边杯子的水中。过一会儿，你会发现水慢慢从右边杯子流入左边杯子。

游戏中的科学

蜡烛燃烧耗尽了左边杯子里的氧气，而左边的杯子又被密封，这样外界的空气不能及时补充进去，左边杯中的气压降低，右边杯中的气压仍然正常，所以水就被大气压压进了左边气压较低的杯子里面。等到两个杯子里面水的表面所承受的压力相等时，水就不流动了。

你知道吗

日常生活中，我们也经常用到抽水机。抽水机又名“水泵”。离心式水泵是利用大气压的作用，将水从低处提升至高处的水力机械。它由水泵、动力机械与传动装置组成，广泛应用于农田灌溉、排水以及工矿企业与城镇的给水、排水，为适应不同需要，而有多种类型。它分为活塞式抽水机和离心泵，都是利用大气压把水抽上来，因为大气压有一定的限度，所以抽水机抽水的高度也有一定的限度，一般不超过10.3米。

扎不破的气球

在我们的印象里，气球都是一扎就破。可是在下面的游戏里这个气球却扎不破，这是为什么呢？

准备好了吗

气球，透明胶带，细绳，长铁丝。

开始游戏

1. 把气球吹大，用细绳扎紧气球口。

2. 在气球上粘一条透明胶带，然后在与之相对的另一侧上也粘一条透明胶带。

3. 把细铁丝从气球一侧的胶带上扎过去，然后从另一侧的胶带上扎出来。你会发现气球并没有“啪”的一声爆了。

游戏中的科学

当气球被扎破时，溢出的空气会形成一股压力，由于透明胶带比较坚固，因此它能抵挡住这种压力，迫使气体缓缓从铁丝扎出的小孔处冒出，避免气球“啪”的一声爆炸。

你知道吗

日常生活中，气球之所以一扎即破，是因为平时的气球气充得很足，气球膜橡胶的分子结构会被拉伸，由最初的较厚变为较薄，这时用针扎的话，气球内外压强瞬间变化，在针扎处产生巨大的压力，而这时已被拉伸的气球膜承受不了这么大的压力，于是破裂。

穿透马铃薯的空气吸管

你有想过吸管能穿透马铃薯吗？下面这个游戏能让你大吃一惊。

准备好了吗

吸管1根、马铃薯1个。

开始游戏

1. 拿出马铃薯和吸管，检查一下是否完好。

2. 用拇指按住吸管一端，再以极迅速的手法将另一端插入马铃薯，就可将马铃薯插穿。

游戏中的科学

密封吸管口的同时，也把空气封在吸管内，使得脆弱的吸管变得坚硬，所以有足够的力量插穿马铃薯。

你知道吗

松开吸管口的密封，再试着插下马铃薯，发现最多在马铃薯表面留下一个凹痕。这是因为吸管口密封时，吸管内空气体积在插入马铃薯的瞬间变小，里面的气体压力相应增加，而这个压力又不足以推开密封，空气唯一的出口就是扎入马铃薯的那一端。

这个气球，你吹不大

把气球放在瓶子里，却怎么也吹不大。

准备好了吗

塑料矿泉水瓶，气球。

开始游戏

1. 把气球放入塑料瓶中，吹气口放在瓶外。

2. 向气球里吹气，气球膨胀，但无论怎样用力吹，都不能把气球吹大到占满整个瓶子。

游戏中的科学

向气球里吹气，气球膨胀，把瓶内空气压缩并密封在瓶底空间，这部分空气对气球压力很大，所以再向气球里吹气就很费力了。因为被压缩密闭的这部分空气总要占据一定的空间，所以气球总是不可能再吹大。

你知道吗

因为平时我们吹气球都是在空气中吹的，气球因气体膨胀导致气球内的气压大于外界气压，所以可以被吹大。而把一个气球放入一个玻璃瓶中，并用气球的口套住瓶口，用力吹气球，因瓶内的气体密闭，当气球膨胀时，瓶子内的气体被压缩，气压变大，远远大于气球的气压，所以不可能被吹大。

若是想将气球吹大，最好能将瓶子内的气体抽空，这样就能保证气球被吹大。

洒不出来的水

就算杯子被倒置，杯子里的水也不会倾覆出来。

准备好了吗

12厘米×20厘米的卡片，塑料杯，自来水，碗。

开始游戏

1. 在杯子中倒满水，让杯子中没有空气。

2. 把卡片盖在杯口，检查一下卡片与水之间有没有空隙。如果卡片与水之间还有空隙，就拿下卡片，在杯子里加满水，然后再盖上卡片。卡片必须完全盖严塑料杯的杯口。

3. 把一只手放在卡片上固定其位置。在碗的上方把杯子倒过来，慢慢地移开托在卡片上面的手。

4. 缓缓地转动杯子，不管向哪个方向转动，你会发现卡片一直盖在杯口而不掉下去。（转动杯子时，动作不能过急过快。）

游戏中的科学

水的表面张力使杯口与卡片完全吻合，而且我们周围的空气对每个方向都有压力。杯子正放时，杯内外的空气会分别向上和向下推杯子，所以杯子不动。当把杯子倒过来时，由于杯子里充满水，里面没有空气，接近真空，杯子外的空气保持着向上推卡片的力，因此能让卡片待在原来的位置，卡片将会一直吸在杯口，直到有一个比空气更强的力来移走它。

你知道吗

地球的周围被厚厚的空气包围着，这些空气被称为大气层。空气可以像水那样自由地流动，同时它也受重力作用。因此空气的内部向各个方向都有压强，这个压强被称为大气压。1643年，意大利科学家托里拆利在一根80厘米长的细玻璃管中注满水银，倒置在盛有水银的水槽中，发现玻璃管中的水银大约下降了4厘米后就不再下降了。这4厘米的空间无空气进入，是真空。托里拆利据此推断大气的压强就等于水银柱的长度。后来科学家们根据压强公式准确地算出了大气压在标准状态下为1.013×10^5Pa。1654年，奥托格里克在德国马德堡做了著名的马德堡半球实验，有力地验证了大气压强的存在，这让人们对大气压有了深刻的认识。

不会漏水的瓶子

瓶子的瓶底被钻一个洞，装满水却不会漏，是什么造成这个现象的呢？

准备好了吗

塑料矿泉水瓶，小锥子。

开始游戏

1. 用锥子在瓶底钻个小孔。
2. 向矿泉水瓶内注水，水同时从瓶底小孔流出。

3. 拧紧瓶盖不透气，水不再从瓶底小孔流出。打开瓶盖，水又从瓶底小孔中流出。

游戏中的科学

拧紧瓶盖堵住瓶口不透气，作用在瓶底小孔的大气压力就堵住瓶中的水不让它流出来。打开瓶盖，瓶口向下的大气压力和水的重力大于大气压力从瓶底小孔对水的压力，所以水又从瓶底小孔流出。

你知道吗

这个游戏的成败关键在于，瓶内必须装满水，接近真空，否则水本身的重力加上瓶内的空气压力会使水流出。再者就是孔的口径不能太大，孔的口径比较小，大气压力会比较大。

潜水不湿的纸玩偶

纸浸在水里而不会湿？这不是所谓的天方夜谭，在下面的游戏中，你就会了解为什么了。

准备好了吗

图画纸（或是厚纸板）1张，剪刀，铅笔，圆规，装水的脸盆，彩色笔，透明玻璃杯1个。

开始游戏

1. 先用圆规在图画纸上画一个与杯口大小一致的圆，上面贴上自己喜欢的纸玩偶。

2. 沿线剪开，并将玩偶浮在装水的脸盆上。

3. 再用透明玻璃杯盖住纸玩偶，并垂直压至水下。你会发现水并没有进入杯内，而纸玩偶也没有被浸湿。（必须以垂直的方式压玻璃杯底，否则玻璃杯倾斜，纸玩偶就会被浸湿。）

游戏中的科学

当玻璃杯逐渐往下压时，因为纸玩偶的底部填满杯口，使杯内的空气无法往外流，才能阻止水的灌入。因此，无论玻璃杯沉入多深的水底，纸玩偶都不会湿。

你知道吗

这个游戏能得以成功，归结于下面两个原因：纸板足够厚，水一时还无法浸入杯子；纸杯和杯口大小一致，所以里面的空气被封闭在了杯中，大气压力压迫着纸板，使得水无法进入杯子。

风是会拐弯的

风是会拐弯的，能绕着弯把蜡烛吹灭。

准备好了吗

1支蜡烛，1个葡萄酒瓶，1张小纸板，1盒火柴。

开始游戏

1. 点燃蜡烛，在它前面竖放1张纸板，对着纸板使劲吹气，蜡烛的火焰纹丝不动。

2. 拿掉纸板，在蜡烛面前放1个葡萄酒瓶，对着瓶子使劲吹一口气，蜡烛的火焰立即熄灭了。

游戏中的科学

当气流到达酒瓶时，会分流并贴着圆柱形瓶体流过，接着在瓶后以丝毫不减弱的力量重新聚集，冲击火焰。如果在蜡烛前面摆放两只酒瓶，当然就得用更大的力气，才能把蜡烛吹灭。

你知道吗

气体是物质的一个态。气体与液体一样是流体：它可以流动，可以变形。与液体不同的是气体可以被压缩。假如没有限制的话，气体可以扩散，其体积不受限制。气态物质的原子或分子相互之间可以自由运动，且动能比较高。气体形态可以通过其体积、温度和压强有所影响。这几项要素构成了多项气体定律，而三者之间又可以互相影响。

吸碗魔掌

电视里的大侠都会以内力吸取敌人兵器，你是不是也想学会这样的神功呢？

准备好了吗

碗1个，湿棉花1块。

开始游戏

1. 用湿棉花沾湿手心。

2. 把碗底放在手心上微微旋转一下，无论怎么动或倒置，碗都不会从手心里掉下来。

游戏中的科学

用湿棉花将手沾湿的目的，是为了在旋转碗时能尽快把空气挤出去，使手心和碗之间呈现真空状态，所以，碗就紧紧附着在手心上，不会掉下来了。

你知道吗

气压是随大气高度而变化的。海拔愈高，大气压力愈小；两地的海拔相差愈悬殊，其气压差也愈大。

大气柱的重量还受到密度变化的影响，空气的密度愈大，也就是单位体积内空气的质量愈多，所产生的大气压力也愈大。由于大气的质量愈近地面愈密集，愈向高空愈稀薄，因此气压随高度的变化值也是愈靠近地面愈大。

气压无时无刻不在变化。在通常情况下，每天早晨气压上升，到下午气压下降；每年冬季气压最高，每年夏季气压最低。但有时候，如在一次寒潮影响时，气压会很快升高，但冷空气一过气压又慢慢降低。

自动从水中出来的硬币

不用动手，硬币就会自动从水中出现。

准备好了吗

1枚硬币，1个盘子，1张小纸片，1盒火柴，小半杯水，1个玻璃杯。

开始游戏

1. 将硬币放入盘子中，在盘子中倒入小半杯水，淹没硬币。

2. 然后点燃1一张纸片，放入玻璃杯中，再把杯子罩在盘子里。（注意：杯子要罩在硬币旁边。）

3. 玻璃杯中的水开始慢慢上升，最后，盘中的水全部进入杯中，盘底露出了硬币。

游戏中的科学

纸片燃烧时，一部分空气被加热膨胀而从杯中溢出。杯子罩入后，火焰因缺氧熄灭，杯中的气体迅速冷却，压力下降。于是外面正常的大气压就把盘子中的水挤进了杯中。

你知道吗

$PV=nRT$，这就是克拉伯龙方程式，P表示压强、V表示气体体积、n表示物质的量、R表示气体常数、T表示绝对温度。所有气体R值均相同。在上面的游戏里，杯子里的气体压力与体积的乘积和温度成正比。开始杯子里的空气体积没有变化，但是火焰熄灭，温度降低以后，压力就会随之降低，从而外面的大气压将盘子里的水压进了杯子。

吸火漏斗

鼓起腮帮子吹灭火焰，结果火焰还奔你而去了。

准备好了吗

漏斗，打火机，蜡烛。

开始游戏

1. 固定蜡烛，用打火机将其点燃。

2. 把漏斗的大敞口对准蜡烛的火焰，从漏斗的小敞口处用力吹气。

3. 蜡烛不仅没有被吹灭，反而被“吸”进了漏斗口。

游戏中的科学

气体从漏斗的大敞口出来后会沿着漏斗壁逃逸，使漏斗内的气压低于外部的气压，这时蜡烛的火焰就会被气压压向漏斗口，看起来就像是朝漏斗扑过来一样。

你知道吗

首先我们了解一下伯努利定理，气体流动速度越快，气压越低。当人对着漏斗吹气，气体快速地沿着漏斗壁逃逸，从而气压急速降低。于是外面的大气压压迫火焰扑向漏斗口。

这对杯子，分不开

两个杯子紧紧吸附，互不分离。

准备好了吗

蜡烛，水，吸水纸，相同的玻璃杯2个。

开始游戏

1. 把一小截蜡烛放进1个杯子的底部，用打火机点燃。

2. 把吸水纸浸湿，盖在有蜡烛的杯子上面。

3. 把另一个杯子迅速扣在吸水纸上，使上下两个杯子的杯口对齐，等蜡烛熄灭后提起吸水纸上面的杯子。你会发现，两个杯子吸在一起了。

游戏中的科学

蜡烛燃烧时需要氧气，于是下面杯子里的氧气首先会被消耗完，之后会通过吸水纸上的纤维消耗掉上面杯子里的氧气。当蜡烛熄灭时，表明氧气已经用完了，此时两个杯中的气压就变得比外面小多了。于是，外部气压使两个杯子紧紧地吸在了一起。

你知道吗

湿润的吸水纸具有表面张力，从而将两个杯子达到了密封效果。当里面的氧气燃烧完以后，瓶子内的温度也急剧降低，根据克拉伯龙方程，里面的气压就比外面小得多。于是外部气压使两个杯子紧紧吸在一起。

空瓶的魔力

明明空无一物的瓶子却倒不进去果汁，这是为什么呢？

准备好了吗

橡皮泥，细口玻璃瓶，漏斗，果汁。

开始游戏

1. 把漏斗插进玻璃瓶，然后用橡皮泥密封瓶口。（注意：瓶口完全密封，实验效果才能更好。）

2. 往漏斗里倒一些果汁，你会发现果汁像被空气中一只无形的手托住一样不能下落。

游戏中的科学

看似空无一物的瓶子里实际上充满了空气，由于用橡皮泥密封了瓶口，因此往漏斗里倒果汁时，空气无法逃出来，它产生的大气压阻止了果汁下落。

你知道吗

马德堡半球实验证明了大气压的存在。生活中也可以用模拟实验来证明：两个皮碗口对口挤压，然后两手用力往外拉，发现要用较大的力才能拉开。

马德堡半球实验和模拟实验的共同点是：将金属球内和皮碗内的空气抽出或挤出，使金属球内和皮碗内空气的压强减小，外界的大气压强就把它们紧紧地压在一起，要用较大的力才能拉开，这就有力证明了大气压强的存在。

空瓶吃鸡蛋

大气压能够把鸡蛋压进狭窄的瓶子里。

准备好了吗

1个煮熟的鸡蛋，1个小纸团，打火机，玻璃瓶。

开始游戏

1. 鸡蛋剥去蛋壳。

2. 把一张揉成团的纸放进玻璃瓶里，并迅速点燃。

3. 迅速地把鸡蛋放到瓶口，慢慢地你会看到鸡蛋收缩并落入瓶子里。（做这个实验时，必须保证瓶口完整无缺，不破损。瓶口别过度小于鸡蛋。）

游戏中的科学

火燃起时使瓶里的空气膨胀，火熄灭以后，空气变冷并收缩。这时瓶里的气压变低。鸡蛋封住了瓶口，使外部的空气压力比瓶里的空气压力要高，于是鸡蛋就被“吞”进了瓶子里。

你知道吗

标准大气压值：标准大气压值的规定，随着科学技术的发展，经过了几次变化。最初规定在摄氏温度0℃、纬度45° 、晴天时海平面上的大气压强为标准大气压，其值大约相当于76厘米汞柱高。后来发现，在这个条件下的大气压强值并不稳定，它受风力、温度等条件的影响而变化。

看啊！有乒乓球在天上飞

乒乓球在空中飞舞，却不会掉落下来。

准备好了吗

吹风机，乒乓球。

开始游戏

1. 打开吹风机，使吹风机的出风口朝上。

2. 把乒乓球轻轻放在出风口上方的热气流上。你会发现乒乓球在吹风机的上方不停地“跳舞”。

游戏中的科学

吹风机吹出的热气流可以托住乒乓球，但由于热气流内部的压力要小于外部的压力，因此每当乒乓球想脱离这段热气流时，气流周围的气压就会把它“压”回来。

你知道吗

气体压力受到三大因素影响：温度、体积、压强。根据伯努利原理，气体流动速度越快，压力越小。由于热气流的流速非常快，因此内部压力要小于外部的压力。而且乒乓球本身的重量特别轻，因此能够在吹风机的热风之中保持一个不停翻滚的状态。

虹吸喷泉

下面这个游戏是“虹吸现象”具体应用的一个实例。

准备好了吗

3个广口瓶（其中1个带盖子），2根吸管，加过颜色的水，橡皮泥。

开始游戏

1. 在瓶盖上钻两个洞，分别插入吸管，吸管A插入少许，吸管B插入大部分。然后把洞四周的空隙用橡皮泥填实。

2. 在1号和2号瓶子里各加入半瓶水，将插有吸管的盖子盖在2号瓶子上。

3. 把1号瓶放在较高的地方，3号瓶放在较低的地方。把2号瓶倒转过来，并将吸管B插进1号瓶的水中，这时2号瓶中便出现了一个小喷泉。

游戏中的科学

当把2号瓶倒转过来的时候，会有一部分空气和水通过吸管跑出来。这样，在2号瓶中就形成了一个低气压，1号瓶里的水受到高气压的作用，会通过吸管升到2号瓶中。2号瓶中的水又流到最低处的3号瓶里，这就是“虹吸现象”。如果将伸到3号瓶中的吸管加长，比如，接上另一根吸管，会看到更壮观的景象。

你知道吗

虹吸原理：就是连通器的原理，加在密闭容器里液体上的压强，处处都相等。而吸管里灌满水，没有气，来水端水位高，出水口用手掌或其他物体封闭住。此时管内压强处处相等。一切安置好后，打开出水口，虽然两边的大气压相等，但是来水端的水位高，压强大，推动来水不断流出出水口。虹吸现象是液态分子间引力与位能差所造成的，即利用水柱压力差，使水上升后再流到低处。由于管口水面承受不同的大气压力，水会由压力大的一边流向压力小的一边，直到两边的大气压力相等，容器内的水面变成相同的高度，水就会停止流动。利用虹吸现象很快就可将容器内的水抽出。

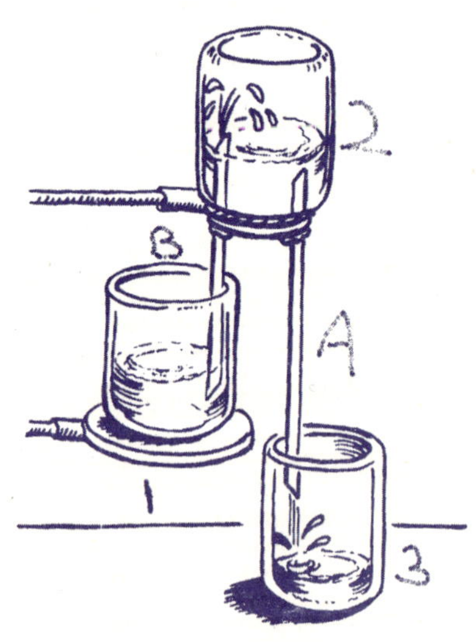

下沉的烟雾

烟雾一般是向上腾飞的，可是在这个游戏里，它是向下沉的，你知道为什么吗？

准备好了吗

棉线，2个相同的玻璃杯，杯垫，热水，冰水。

开始游戏

1. 用冰水将其中一个杯子冲洗几遍，然后擦干。

2. 在冰水冲洗过的杯子中放进一根棉线，用杯垫盖住杯口，使棉线露出瓶外一段。点燃棉线，使烟雾充满整个杯子。

3. 用热水反复冲洗另一个杯子，然后擦干，待棉线熄灭时抽掉杯垫，将其迅速扣在装满烟雾的杯子上面。你会看到烟雾下沉到杯底了。

游戏中的科学

冷空气的密度比热空气大，所以冷空气会沉在热空气下面，这样烟就不会升到上面的杯子里了。

你知道吗

对于冷空气和热空气密度的问题，我们要从两个方面来看。假设有两个装有相同空气的容器里，一个加热一个冷藏，那么，由密度公式可知，它们的密度还是一样的。而在压强相同的条件下，或者说温度影响起主导的时候，则温度越高密度越低。

人造水雾

利用小刀和吸管，我们就能制造出人造水雾。

准备好了吗

小刀，吸管，碗，水。

开始游戏

1. 用小刀按照3∶1的比例，割开吸管的一面。

2. 给碗里倒满水，将短吸管的那一头插入水中，长的一头和短吸管成为90°直角。

3. 用力在长吸管的一端吹气，你就可以看到吸管割口处出现水雾。

游戏中的科学

从长吸管吹气的时候，吸管割口处的气流流通比较快，根据伯努利定理，气流通过快的地方，气压会下降，而短吸管下端水面的气压，是正常的大气压，于是水面上的大气压就把水压向短的那一头吸管，喷出来的水又被吹的气给吹散，形成水雾。

你知道吗

伯努利定理在生活中应用最广泛的一个例子就是飞机的起飞。我们来看飞机的机翼构造。原来，飞机机翼上下两侧的形状是不一样的，上侧的要凸些，下侧的要平些。当飞机滑行时，机翼在空气中移动，从相对运动来看，等于是空气沿机翼流动。由于机翼上下侧的形状不一样，在同样的时间内，机翼上侧的空气比下侧的空气流过了较多的路程（曲线长于直线），即机翼上侧的空气流动得比下侧的空气快。根据流动力学的原理，当飞机滑动时，机翼上侧的空气压力要小于下侧，这就使飞机产生了一个向上的浮力。当飞机滑行到一定速度时，这个浮力就达到了足以使飞机飞起来的力量。于是，飞机就上了天。

动手做个“孔明灯”

孔明灯有很久远的历史。你想自己制作一个简易孔明灯吗？

准备好了吗

1截蜡烛，细线，1个金属的罐头瓶盖，1个大塑料袋，火柴，1根锥子。

开始游戏

1. 用锥子在罐头瓶盖的两边各扎一个洞，把准备好的细线从洞里穿过去，系好。

2. 把一截短短的蜡烛头粘在罐头瓶盖的中间。

3. 用细线把粘着蜡烛的罐头瓶盖系在大塑料袋上。线的长度不能让下面的蜡烛烧坏上面的塑料袋。

4. 找一个空旷的地方把它放飞，不过罐头瓶盖里的蜡烛一定不要太长，使它在升空后不久就会自动熄灭。

游戏中的科学

蜡烛在燃烧时，会把上面塑料袋的空气烧热，热空气的密度比冷空气小，同体积的空气就会比冷空气轻。这样，孔明灯就能飞上天了。不过，等到蜡烛熄灭以后塑料袋里面的空气变冷，孔明灯就会重新下落。

你知道吗

孔明灯又叫天灯，相传是由三国时的诸葛孔明（即诸葛亮）所发明。当年，诸葛孔明被司马懿围困于阳平，无法派兵出城求救。孔明算准风向，制成会飘浮的纸灯笼，系上求救的讯息，其后果然脱险，于是后世就称这种灯笼为孔明灯。另一种说法则是这种灯笼的外形像诸葛孔明戴的帽子，因而得名。

“小型快艇”

利用空气的力量，自制一只小快艇。

准备好了吗

大型的果汁（或牛奶）空盒1个，可弯曲的吸管1根，气球1个，刀子，钻子1把，胶带，绳子。

开始游戏

1. 将果汁空盒横切为二，并在盒底钻出一个可容纳吸管的洞。

2. 将吸管一端系上气球，另一端穿过盒底的洞。

3. 把气球吹胀，立刻放到水里，只见快艇迅速地往前行去。

游戏中的科学

快艇之所以能在水面上前进，是因为气球里的空气迅速向外冲出，形成一股强大的反作用力，将快艇推动。

你知道吗

在生活中有很多设备是利用空气的反作用力飞行的，比如热气球。它飞行的理论是根据包在球囊里的气体轻于或密度小于周围大气，从而空气浮力推动气球上升。它是通过燃烧器点火、熄火的间隔时间长短调整球囊温度（气体密度）来控制热气球的上升和下降，根据不同高度层的风向来控制和调整自己的前进方向，它的速度与风速相同。

自动上浮的胶卷盒

通过化学反应产生气体，已经沉没的胶卷盒又能浮起来。

准备好了吗

有盖的胶卷盒，30克左右的重物（例如：鱼坠），绳子，手钻，胶带，大碗，4茶匙发酵粉，水，勺。

开始游戏

1. 请父母帮忙用手钻在胶卷盒的底部钻6个小孔（每个小孔的直径大约是0.3厘米）。

2. 把绳子的一端系在鱼坠上，另外一端用胶带固定在胶卷盒的底部，然后在胶卷盒中加入大约4茶匙的发酵粉，用盖子封严。（接触发酵粉时要小心，吞咽、吸入发酵粉，或者是发酵粉进入眼睛都有害。）

3. 把盒子和鱼坠放在一个盛水的大碗里，当胶卷盒中充满水时，它的浮力减小，开始下沉，这时松开它，继续观察。

4. 过一会儿，胶卷盒又自己上浮到水面上了。

游戏中的科学

盒子刚开始进水的时候会下沉，然而，在以后的几分钟里，进入盒子里的发酵粉混合产生了二氧化碳气体。当气体上升到盒子顶部时，这里的水便从盒子下面的孔中被挤了出去。

你知道吗

发酵粉是一种复合添加剂，主要用作面制品和膨化食品的生产。发酵粉中含有许多物质，主要成分为碳酸氢钠和酒石酸。通常是碳酸盐和固态酸的化合物。当碳酸盐与水和酸接触时，离解成几种物质。这个过程中，释放出大量的二氧化碳。

鼓泡泡的水瓶

吹一根没有接触水面的吸管，水里面却鼓起了泡泡，这是怎么办到的？

准备好了吗

大矿泉水瓶，2根吸管，棉花。

开始游戏

1. 将矿泉水瓶里装入3/4的水，一根吸管插进水里，另外一根吸管弯曲插入但是不接触水面。

2. 用水将棉花润湿，塞住瓶口，以固定吸管。注意不要留空隙，使矿泉水瓶呈密闭状态。

3. 用嘴吸那根没有接触到水的吸管，发现瓶子里的水就会冒泡泡。

游戏中的科学

吸气以后，瓶内的空气压力减少，于是大气压力通过插入水里的吸管将空气压进水里，所以水底会冒出泡泡。如果不用吸而用吹气的话，瓶子内水面上的气压就增高了，于是压迫水面上的水进入另外一根吸管，从而会形成一个小喷泉。

你知道吗

生活中我们也有很多利用压力差的实例。比如给车胎打气，打气筒里的空气被不断压缩以后，压力变得很大，当空气压强足以顶开轮胎的气门芯时，压缩空气就进入轮胎，同时筒外的空气从筒上端的空隙进入活塞的上方。

第三章　蒙面声音猜猜猜

跳个舞吧，茶叶

见过茶叶翩翩起舞吗？做了下面这个游戏，你就知道了。

准备好了吗

少许干茶叶末，1根橡皮筋，1张塑料薄膜，1个圆铁盒，1个小铁盆，1把勺子。

开始游戏

1. 把塑料薄膜用橡皮筋平整地固定在圆铁盒上面。

2. 将一些干茶叶末均匀地撒在塑料薄膜上。

3. 在铁盒上方用勺敲打铁盆，然后观察塑料薄膜上的茶叶末，这时会发现茶叶末跳动起来。

游戏中的科学

声波通过构成空气的微粒的振动在空气中传播。

敲打铁盆引起周围空气微粒的振动，当振动的声波向外传播时，碰到了圆铁盒上的塑料薄膜。塑料薄膜受到声波的能量冲击后也振动起来，之后又把能量传递给了茶叶末。茶叶末很轻，在能量的冲击下，便会随着敲打声跳动起来。

你知道吗

声源体发生振动会引起四周空气振荡，那种振荡方式就是声波。声以波的形式传播着，我们把它叫作声波。声波借助各种媒介向四面八方传播。在开阔空间的空气中那种传播方式像逐渐吹大的肥皂泡，是一种球形的阵面波。声音是指可听声波的特殊情形，例如对于人耳的可听声波，当那种阵面波达到人耳位置的时候，人的听觉器官会有相应的声音感觉。

喂，你好，这是一个电话

通过一些简单的设备，我们就能制作出一个电话机。

准备好了吗

纸杯2个，棉线，锥子。

开始游戏

1. 用锥子分别在2个纸杯底部的中央扎1个小孔。

2. 将棉线的两端分别插进2个小孔，并在杯子里面打结。

3. 两个人各拿1个纸杯，拉直棉线，让对方对着纸杯说话，你则将纸杯贴在耳朵上。

游戏中的科学

对着纸杯说话时，纸杯的底部就会振动起来。棉线会把这个振动传到另一个纸杯的底部，使另一个纸杯底部的空气也振动起来，于是你就听到了声音。

你知道吗

电话通信是通过声能与电能相互转换，并利用“电”这个媒介来传输语言的一种通信技术。两个用户要进行通信，最简单的形式就是将两部电话机用一对线路连接起来。

（1）当发话者拿起电话机对着送话器讲话时，声带的振动引起空气振动，形成声波。

（2）声波作用于送话器上，使之产生电流，称为话音电流。

（3）话音电流沿着线路传送到对方电话机的受话器内。

（4）受话器作用与送话器刚好相反——把电流转化为声波，通过空气传至人的耳朵中。

这样，就完成了最简单的通话过程。

纸鞭炮的威力

炸鞭炮只能在过年过节的时候，但是你也可以做一个安全的纸

鞭炮出来。

准备好了吗

厚纸，尺子，棕色纸，胶水，剪刀。

开始游戏

1. 用厚纸剪一个底边长20厘米、高20厘米的三角形。

2. 再用棕色纸剪一个底边长20厘米、高10厘米的三角形。

3. 小心地把两个三角形粘在一起。把三角形沿中线对折。

4. 把棕色三角折进厚纸板三角下面。举着“鞭炮”，伸直胳膊，稍稍向上倾斜。

5. 猛地把胳膊向下抖，把棕色的三角甩出来。你会听到很大的响声。

游戏中的科学

当你向下抖动胳膊时，空气猛然冲到厚纸板三角形的底下，随着一声巨响把棕色纸三角形顶出去。这个声音是纸撞击空气，使空气产生急速的冲击波振动而发出来的。

你知道吗

瞬间压缩的空气再释放，具有巨大的能量。例如，超音速飞机飞过可能使建筑物的玻璃震碎。

橡皮筋吉他

是不是看电影明星弹吉他很拉风？你也可以自制一个简易的吉他。

准备好了吗

1个正方形的金属盒，几根不同粗细的橡皮筋，2支铅笔。

开始游戏

1. 把几根橡皮筋以1厘米的间距绷在金属盒子上。

2. 在橡皮筋上弹拨几下，注意听橡皮筋发出的声音。

3. 把两支铅笔插到橡皮筋的下面，与橡皮筋成“十”字型，再在橡皮筋上弹拨几下。

4.在橡皮筋下插了两支铅笔后，橡皮筋发出的声音清晰了很多。

游戏中的科学

橡皮筋被铅笔架空后，橡皮筋的振动再也不会由于与盒壁的摩擦而受到影响，振动效果自然更好。由于铅笔同时也使盒子中的空气一起振动起来，因此，盒子在这个实验中起到的是共振腔的作用。

你知道吗

乐器的共鸣腔形状各异，但它们都有共同的性质：它们必须由坚硬的弹性材料制成；它们必须具有一定的体积，体积越大则音量越大；它们必须具有一定的长度。

杯子唱首歌

想听听杯子的歌声吗？通过下面的游戏你就能一“听”为快了。

准备好了吗

绳子，剪刀，1个空的塑料瓶，2把椅子，1个漏斗，4把勺子。

开始游戏

1.把漏斗插到塑料瓶里，小心地把水倒进去。（注意水要差不多倒满，然后盖紧盖子。）剪几根绳子，其中两根的长度要完全一样，其他几根长度不限。

2.把两根一样长的绳子，一根系在瓶子上，另一根系到勺子上。然后把另外三根绳子系到其他物体上。剪一根长绳，系在两个椅子之间，拉紧。把五根系着物体的绳子的另一头系在长绳上。

3.晃动瓶子，看看其他物体会出现什么情况。

游戏中的科学

晃动瓶子时，系着瓶子的绳子和长绳都会振动。另一根相同长

度的绳子也开始振动和摆动，而其他长度的绳子则不动。相同长度的绳子有着相同的固有频率。一个物体振动产生的声音能造成有着相同固有频率的物体振动，并发出声音。

你知道吗

振动频率f是物体每秒钟内振动循环的次数，单位是赫兹。频率是振动特性的标志，是分析振动原因的重要依据。

桌上的回音壁

运用“回音”这个特性来修建的中国古代建筑，屡见不鲜。

准备好了吗

1块机械手表或1个闹钟，2张手工纸，1本厚字典。

开始游戏

1. 将两张手工纸卷成大小、长度相同的纸筒，然后把它们成直角放在桌子上。

2. 把字典立放在距离它们10厘米左右的后面。在其中的一个纸筒一端放一块机械表或闹钟，贴近另一个纸筒一端听。

3. 调整两个纸筒夹角的角度，直到你能听到最清晰的声音。

4. 测量一下两个纸筒与字典形成的夹角，你会发现它们的角度是一样的。

游戏中的科学

声音是可以被反射的，而且声音的反射角等于入射角。我国古代，人们常常应用声音的一些特性建造一些特殊的建筑物。北京天坛的“回音壁”“三音石”“圜丘”就是利用声音的反射修建的。空旷的房间里听到的声音比平时大，是因为回声反射的速度很快，它和原声混合在一起，使声音听起来变大了。

你知道吗

回音壁有回音效果的原因是皇家围墙的建造暗合了声学的传音原理。围墙由磨砖对缝砌成，光滑平整，弧度过度柔和，有利于声

波的规则反射。加之围墙上端覆盖着琉璃瓦，使声波不至于散漫地消失，更造成了回音壁的回音效果。

气球扩音器

为什么对着气球说话，声音时大时小？

准备好了吗

1个气球。

开始游戏

1. 把气球吹大，扎紧开口。

2. 用手指轻轻敲击气球，注意听气球发出的声音。

3. 把气球放到耳朵旁边，用手指轻轻敲击气球上离你耳朵最远的那个部位，你会发现第二次敲击发出的声音比第一次发出的声音大了很多。

游戏中的科学

气球内的空气被压缩得很密，分子间距比气球外的空气分子间距小了很多。相比之下，气球内的空气有更好的传播声波的能力。所以，第二次敲击时发出的声音就比较大。

你知道吗

声音的传播速度和传播介质有关。一般情况下，声音在固体中的传播速度大于液体，声音在液体中的传播速度大于气体！对于同一种介质来说，温度越高，声音的传播速度越快。

水瓶演奏器

用瓶子来演奏一首乐曲吧！

准备好了吗

7个玻璃瓶，1支筷子，1瓶水。

开始游戏

1. 将7个玻璃瓶摆成一排，放在平稳的桌面上，注意它们之间不要相互接触。

2. 逐一向每个瓶子里面加水，边加水边用筷子轻敲瓶体，可以听到美妙的音符。

3. 分别敲击瓶子，就可以演奏出一首乐曲。

游戏中的科学

用筷子敲击玻璃瓶的时候，瓶子和水一起振动。由于每个瓶子里的水份量不同，每个瓶子振动的物质数量也就不同，因此它们发出声音的调子也不同，有的高些，有的低些。

你知道吗

发声的物体一定在振动，而震动的物体不一定在发声，是因为这里指的发声是在人耳的听觉范围之内的发声，即20～20000赫兹，而有些物体振动的频率会高于或低于这个范围，如超声波或次声波人耳就听不到，所以振动的物体不一定发声，其实是指振动的物体所发出的声音，人不一定能全部听到。

铜线钟摆

长度不一样的3根线绑着3枚瓶盖，想让哪枚瓶盖摆动，就可以让哪枚摆动。

准备好了吗

3枚瓶盖，3根长短不一的线。

开始游戏

1. 准备3枚瓶盖，分别绑上3根不同长度的线。

2. 按照短、中、长的顺序，把3根线的另一端绑在筷子上，然后让孩子来决定，让哪一枚瓶盖摆动。

3. 施加驱动力，发现真的只有指定的那枚瓶盖大幅摆动。

游戏中的科学

这3根线绑着瓶盖就像钟摆一样。较长的线摆动周期较长，而较短的线摆动周期较短。而不同频率的作用力能够让相应长度的线摆动，这就是共振现象。假设孩子指定让最长的那根线摆动，你只要对筷子施加驱动力来配合这根线的摆动周期就可以了。这时，其他两根线好像完全没动一样。

你知道吗

任何物体产生振动后，由于其本身的构成、大小、形状等物理特性，原先以多种频率开始的振动，渐渐会固定在某一频率上振动，这个频率叫作该物体的“固有频率”，因为它与该物体的物理特性有关。当人们从外界再给这个物体加上一个振动（称为策动）时，如果策动力的频率与该物体的固有频率正好相同，物体振动的振幅达到最大，这种现象叫作“共振现象”。

地震来了，建筑物倒了

地震是可怕的，在3个高矮不同的“建筑物”中，它们的倒塌是不是蕴含着一定的规律呢？

准备好了吗

6个易拉罐，厚纸板。

开始游戏

1. 先准备6个易拉罐，1个放着，剩下的5个分为2个一组和3个一组。将每组易拉罐摞起来，用胶带固定好，成长筒状。

2. 把这3个不同高度的“建筑物”放在厚纸板上，抓住厚纸板的一端，沿水平面来回推动，配合不同“建筑物”的频率，它一定会倒下。

游戏中的科学

这是一种共振现象，只要推拉厚纸板的频率与某个“建筑物”的振动频率相吻合，它就会倒掉。一般来说，纸板动得快，矮的

“建筑物”就容易倒；纸板动得慢，高的“建筑物”容易倒。

你知道吗

现实生活中，有些建筑物遇到地震就会倒塌，这是因为建筑物自身的振动频率和地震波的频率相吻合，从而产生了共振现象。

吸管笛子

吸管也可以做成一支笛子，吹出不同的音域。

准备好了吗

剪刀，吸管。

开始游戏

1. 将吸管的一头用力咬扁，然后使劲吹，吸管会发出声音。

2. 如果逐一剪短吸管，随着吸管长度的变化，声音还会出现高低变化，就像笛子的不同音域一样。

游戏中的科学

吸管被咬扁以后，吹入的气流不能顺利通过，气流撞击到吸管不规则的内壁就产生了旋涡，引起了共鸣。声音的高低，则与共鸣腔的大小，即吸管的长度有关，长吸管产生低音共鸣，短吸管产生高音共鸣，因此，一边吹吸管一边剪短它时，就会听到明显的音域变化。

你知道吗

也可以找几个形状相同的空雪碧瓶玩这个游戏，在瓶内注入水，水位各不相同，然后靠近瓶口吹气，吹出的声音也会有差异，这也是共鸣造成的，水面上共鸣腔大小不同，就会产生音域的变化。

高低不一的音调

这个游戏可以让我们明白先入为主的观念是不对的。

准备好了吗

3个相同的大雪碧瓶，3个相同的玻璃杯，水。

开始游戏

1. 向3个大雪碧瓶中分别装入不同水位的水，然后用嘴对着装有较少、中等和较多水的大雪碧瓶瓶口依次吹气，就会听到瓶子发出低、中、高的声音。

2. 再往3个杯子中装入不同水位的水，这次用筷子依次敲击，装水较少、中等，和较多的杯子却会依次发出高、中、低的声音。

游戏中的科学

往大雪碧瓶瓶口吹气时发出的声音，是由水面上方的空气产生共鸣所致，当瓶中的空气所占空间较大，会产生低音共鸣；空气所占空间较小时，会产生高音共鸣。因此，随着水位的增高，可以依次吹出低、中、高的音调。

而用筷子敲打杯子时，是杯子整体振动导致了声音的产生，这种声音会与杯中的空气产生共鸣，当杯子中的水较多时，杯子整体的振动变慢，因此音调比较低；相反，当杯中的水较少时，音调就会比较高。随着杯子中的水逐渐增多，筷子就能依次敲出高、中、低的音调。

你知道吗

产生的现象虽然是一样的，但是本质却不一样，在现实生活中，切不可“先入为主”。

魔法风车

通过细铁丝摩擦吸管，吸管前端的风车就会不停地旋转。

准备好了吗

透明胶带，纸，剪刀，牙签，拉伸吸管，细铁丝。

开始游戏

1. 用透明胶带将牙签固定在可以弯曲的吸管前端。用纸做一个

直径为1～2厘米的圆盘，在正中央挖个洞。在圆盘的正反面都画上放射状的线条，以便观察纸盘是否旋转。

2. 将纸盘套在吸管上的牙签前端，用细铁丝摩擦吸管的锯齿状部分，圆盘就会像风车一样转动起来。

游戏中的科学

风车的转动，是由细铁丝摩擦吸管锯齿状部分产生的振动造成的。如果摩擦吸管锯齿状部分的方法不对，风车就无法转动，这个实验需要多练习才能成功。

你知道吗

振动的手机或者剃须刀，放在平滑的桌面上，它们在振动的同时也会不停地移动。原理是一样的。

出个声吧，牛奶杯

利用压力的传递，我们可以使牛奶杯发出响声。

准备好了吗

1个空牛奶杯，棉线，火柴，蜂蜡。

开始游戏

1. 在1只空牛奶杯底穿一个孔，把一段线穿进去，然后在里面用半根火柴横着固定住。

2. 线上抹上蜂蜡，然后用拇指和食指去摩擦它，杯子就会发出嗡嗡的响声。

游戏中的科学

发黏的蜡在手指抽动中摩擦，这个压力差传递到杯底，杯底像薄膜一样发生振动，并在空气中产生声波。缓慢摩擦，声波就缓慢低沉，快速摩擦，声波会短暂间歇，从而发出高音。

你知道吗

声音是由振动产生的，随着声音的传播，空气中的分子被挤压在一起，接着被分开，然后又被挤压，再被分开，如此反复，就产生了声波。声音可以是高音调的，也可以是低音调的。

呜呜叫的水杯

利用手的摩擦，装有水的杯子也会发出响声。

准备好了吗

薄壁玻璃杯，水。

开始游戏

1. 在1只薄壁玻璃杯中装上半杯清水，手指蘸着杯子中的水。

2. 手指轻按杯沿缓慢移动，于是杯子发出了“呜呜”的声音。

游戏中的科学

这个游戏只有当手指湿润的时候才能成功。当手指在杯沿上运动时，会发生微小的摩擦，玻璃杯开始抖动，于是发出了声音。声音的高低取决于杯子中水的多少，杯子的振动在空气中产生声波，它同样可以清晰地传递到水面上。

你知道吗

如果手指上有油腻，或者特别干燥，在杯沿上就不会出现必要的阻力，从而使得游戏无法进行。

杯子合唱会

当一个酒杯“唱歌”的时候，另外一个酒杯居然也会跟着一起唱，这是为什么呢？

准备好了吗

2个薄壁高脚杯，细铁丝。

开始游戏

1. 将2个薄壁高脚杯并排摆放在桌子上，一个杯子上放一根铁丝。用潮湿的手指，缓慢地顺着另一个杯子的杯壁做摩擦，这时杯

子会发出一种响亮的持续的声响。

2.放有铁丝的杯子开始“合唱”，可以看到上面的铁丝也开始振动起来。

游戏中的科学

之所以会发生“跟唱”现象，是因为两个杯子在受冲击的时候有同样的音高。音高是各种不同高低的声音，即音的高度，音的基本特征的一种。音的高低是由发音体的振动频率决定的，两者成正比关系：振动次数多则音“高”，反之则音“低”。

你知道吗

一切物体都有一个固有的振动速度——称为物体的固有振动频率。如果你打开一架钢琴，弹一个音进去，相应的琴弦会接收到琴键的敲击而振动。这使琴弦以它的固有频率振动，于是你就能听到钢琴发出的声音。当一个物体的振动引起其他物体振动的时候，这就叫作共振。

声音也可以灭火

声音也能灭火？看了下面这个游戏，你就知道了。

准备好了吗

硬纸，胶水，蜡烛。

开始游戏

1.先从硬纸上剪下一张边长为20厘米的正方形，把它卷成一个直径约5厘米的圆筒，用胶水把纸筒的接合处粘牢，再从硬纸上剪下两个直径约6厘米的圆。在其中一个圆的中心处剪一个直径约1.5厘米的小圆洞，然后把两个圆粘到纸筒两端，把纸筒的两端堵住，使它形成一个圆柱形的纸盒。这就是声灭火器。不过你一定要把接合处粘牢，千万不要使接缝处漏气。

2.把一支点燃的蜡烛固定在桌子上。然后用你的左手握住圆纸盒，把它拿到离蜡烛60厘米左右的地方，并且使盒盖上的洞对准蜡

烛的火焰。用你右手的食指不停地弹圆纸盒的盒底。圆纸盒发出了“扑扑”的声音。不一会儿，你就会发现蜡烛的火焰被熄灭了。

游戏中的科学

因为声音也是一种波。声音的传播规律与光线的传播规律相似，当声音通过凹面时，会发生反射，然后射出，使烛焰熄灭。

你知道吗

声音是由振动产生的，然后以波的形式传播，波只是介质的一种压力振动。振动从声源处开始传播，不断循环往复地导致空气变疏和变密，从而在空气中形成疏密相间，或者高低压相间的纵波形式向前传播。

气体熄灭难易程度与声音的频率密切相关，研究发现，40～50赫兹的声音熄灭火焰最有效，而且声音的强度越高，声波的高压波峰和低压波谷之间的振幅越大，火焰越容易熄灭。

共振的小球

下面这个游戏能让你更深刻地认识“共振现象”。

准备好了吗

2根同等长的细绳，1根长绳，胶条，2个一样大小的塑料球。

开始游戏

1. 将两根细绳固定在拉直的长绳上，然后取出两个塑料球，分别固定在两根细绳上。

2. 塑料球自然垂下，调整好细绳的距离，用手摇动其中一个塑料球。

3. 当摇动的那个塑料球停止运动以后，另一个原来不动的塑料球却开始运动了。

游戏中的科学

这是“摆的共振”原理导致的。当第一个塑料球停止运动

后，绳子把振动传递给另外一个塑料球，所以另外一个塑料球开始振动。

你知道吗

共振是指一个物理系统在特定频率下，以最大振幅做振动的情形。这一特定频率称为共振频率。共振不仅在物理学上运用频率非常高，而且，共振现象也可以说是一种宇宙间最普遍和最频繁的自然现象之一，所以在某种程度上甚至可以这么说，是共振产生了宇宙和世间万物，没有共振就没有世界。共振不仅创造出了宏观的宇宙，而且微观物质世界的产生，也与共振有密不可分的关系。从电磁波谱看，微观世界中的原子核、电子、光子等物质运动的能量都以波动的形式传递。

宇宙诞生初期的化学元素，也可以说是通过共振合成和产生的。有一些粒子微小到简直无法想象，但它们可以在共振的作用之下，在1/100万亿秒的瞬间，互相结合起来，于是新的化学元素便产生了。因为宇宙中这些粒子的生成与共振有如此密切的关系，所以粒子物理学家经常把粒子称为“共振体”。

既然共振是宇宙间一切物质运动的一种普遍规律，人及其他的生物也是宇宙间的物质，当然共振也普遍存在于这些生命中。

旧唱片和留声机

用生活中的小物品，我们可以更深入地了解留声机的来龙去脉。

准备好了吗

1张纸，1根木棍，1张旧唱片。

开始游戏

1. 把木棍一头削尖，另一头从中间慢慢劈开一条缝。将纸夹在缝隙里。

2. 把木棍削尖的一头立放在旋转的旧唱片中。

游戏中的科学

你可以清楚听到旧唱片通过纸重新发出了音乐声。木头先在唱片沟纹中振动，并且传递给纸，振动变成声波后，通过空气又传回人的耳朵。

你知道吗

留声机又叫电唱机，是一种放音装置，其声音储存在以声学方法在唱片（圆盘）平面上刻出的弧形刻槽内。唱片置于转台上，在唱针之下旋转。留声机为爱迪生的众多伟大发明之一，因为唱片能比较方便地大量复制，放音时间也比大多数筒形录音介质长。

在黑色唱盘上，声音振动由一条波浪起伏的轨道或沟槽来实现，唱盘平面上的波动尽可能准确地再现声波的压力变化。当唱针沿着沟槽移动，针尖随沟槽波动而轻微地振动。这个振动通过机械装置传送至一个膜上，而将其放大并散发在空气中。

第四章　啊，是电磁啊

互不靠近的气球

不管怎么努力，你都没办法让2个气球靠在一起。

准备好了吗

2个气球，2段绳子，1件毛衣。

开始游戏

1. 把2个气球吹胀，并系上线绳，将它们在毛衣或头发上摩擦。

2. 用手牵着线绳让气球自然下垂，2个气球会彼此排斥分开。

3. 将摩擦过的气球靠在衣服上，它会紧贴着衣服不掉下来。

游戏中的科学

电荷分为正负两种，它们之间同性相斥，异性相吸。通过摩擦，两只气球都带上了相同的负电荷，由于同性相斥，两只气球相互排斥分开。而摩擦时，毛衣被取走了负电子，带了正电荷。异性相吸，所以两只气球就贴在毛衣上了。

你知道吗

如果把手放在它们之间，阻断了电荷的吸引，气球就会马上靠近。

去拥抱墙壁吧，气球

当气球在头发上摩擦后，再贴着墙放，会发生什么呢？

准备好了吗

气球，棉线。

开始游戏

1. 吹起气球，用棉线扎好吹气口。

2. 在头发上摩擦几下，往墙上一放就“粘”住了。

游戏中的科学

气球与头发摩擦后带电，带电的气球被吸到墙上，气球就被“粘”住了。这一现象和用塑料梳子与头发摩擦后能吸引纸屑是一个道理。在干燥天气做摩擦起电实验效果很好，在潮湿天气做实验就观察不到摩擦起电现象。因为湿润的空气是电导体。

你知道吗

在生活中，我们也常常运用静电。静电复印可以迅速方便地把文件、图书、资料复印到纸上。静电复印最重要的一步，就是让带静电的墨粉粘到字的像上。这一过程和带电的气球粘在墙上相似。然后再经过多个步骤，把字印到纸上。

瞧啊，那把梳子正牵着乒乓球走

梳头发时会有静电，它对乒乓球也起作用吗？

准备好了吗

1把塑料梳子，1个乒乓球，1块毛料布。

开始游戏

1. 选择一个干燥的天气，比如在冬天通有暖气的室内做这个实验，效果会比较明显。

2. 找一个乒乓球，把它放在平稳光滑的桌面上，确保乒乓球能够在桌面上自由地滚动。

3. 用塑料梳子迅速地在毛料布上来回摩擦，使它带上电。把梳子拿到乒乓球附近时，你就会发现，乒乓球“主动”朝梳子滚过去了！如果移动梳子的话，你又会发现，乒乓球真的像小狗一样，跟

着梳子跑来跑去！

游戏中的科学

与毛料布摩擦后，梳子的表面就带上了多余的负电荷。当它靠近乒乓球时，就会使乒乓球的表面带上多余的正电荷。异种电荷相吸引，再加上乒乓球自身又很轻，所以乒乓球便向着梳子滚动过去了。

移动梳子时，由于梳子与乒乓球的这种“互相吸引”不会立即消失，因此乒乓球便会像小狗一样跟着梳子跑来跑去了。

你知道吗

这个游戏之所以能进行，是因为干燥的空气是不良导体。当空气湿润，或者乒乓球和梳子不干燥时，这个游戏都会失败。

一起跳舞，小纸人

通过电荷的互相吸引，我们能使小纸人翩翩起舞。

准备好了吗

1块长方形有机玻璃片，1块毛皮，1支水笔，1把剪刀，1张薄纸片，1个方形金属托盘，2本相同的字典。

开始游戏

1. 用水笔在薄纸片上画几个高3～4厘米的小人，你喜欢画成什么样子的都可以。然后用剪刀把它们剪下来。

2. 将金属托盘平放在桌面上，然后在托盘里摆好两本相同的字典，字典的厚度要略大于小纸人的高度。把长方形有机玻璃片摆到两本字典上，再把小纸人放到玻璃片下面两本字典之间的托盘上。

3. 用毛皮不断地摩擦有机玻璃片，就会发现小纸人们开始在托盘与玻璃片之间不停地翩翩起舞。

游戏中的科学

通过摩擦，有机玻璃片带上了多余的负电荷。这些多余负电荷形成的负电场会破坏小纸人的电荷平衡，使其靠近有机玻璃的一面，并呈现正电性。由于小纸人的头部较轻，它会首先被吸引，于是，小纸人便一下子“跳”了起来。当小纸人与有机玻璃接触后，一部分负电荷会转移到它的身上，使它也带上了多余的负电荷。于是，小纸人便会与有机玻璃片互相排斥而倒下去。倒下去的小纸人与金属托盘接触后，会失去多余的负电荷，于是，它又受到有机玻璃片的影响而“跳”起来，就成了会跳舞的纸人。

你知道吗

由于金属是良性导体，带负电荷的小纸人接触金属托盘以后，就会失去多余的负电荷。

飘浮着的缝衣针

利用磁力，能使得缝衣针飘浮在空中。

准备好了吗

1根缝衣针，1根线，1块u形磁铁。

开始游戏

1. 将缝衣针穿上线。

2. 用磁铁的S极摩擦缝衣针。

3. 用手拿起线，将线上的针，由磁铁S极朝N极移动。结果，缝衣针逐渐地飘浮在空中。

游戏中的科学

当用磁铁的S极摩擦缝衣针的时候，缝衣针带有磁力了，也成为一个磁铁，磁力同样遵循同极相斥、异极相吸的特性，而缝衣针本身的质量非常轻，所以磁力能让它飘浮在空中。

你知道吗

电磁本一家，都遵循着同性相斥、异性相吸的原则。

让你汗毛竖立的电视机

电视机能让你产生麻酥酥的感觉。

准备好了吗

1台电视机。

开始游戏

1. 打开电视机。

2. 卷起袖子，把前臂靠近电视机屏幕，并慢慢移动胳膊，你会发现自己的汗毛竖起来了。

游戏中的科学

打开的电视机屏幕形成了你看不见的电场。屏幕上产生大量的静电，所以当你胳膊进入这个电场时，汗毛也带上了电。于是屏幕便吸引汗毛，使汗毛竖立起来。

你知道吗

因为在播放电视时，会不停地有电子束打在电视机荧幕上，容易在屏幕玻璃上产生静电，玻璃上产生的静电和人汗毛上产生的静电是相反的，所以就有吸附作用了。电量大时还会有触电感呢！所以做这个实验一定要有父母的陪伴和监督。

趣味钓鱼

在家享受一次钓鱼的快乐吧！

准备好了吗

1根筷子，1把剪刀，1卷胶带，一些水，1支笔，几枚回形针，

1个浅水盆，几张美工纸，1根细绳，1块小磁铁。

开始游戏

1. 在纸上画出鱼的形状，然后用剪刀把它们剪下。

2. 在每条“鱼”上都别上1个回形针，你可以别在不同的位置上。

3. 把细绳的一端系上磁铁，另一端系到筷子上，做成钓鱼竿。

4. 水盆中倒入水，将“鱼”放到水上面，如果“鱼”沉下去也没关系。

5. 拿着钓鱼竿，把它慢慢地放到水面上，磁铁就把“鱼”钓上来了。

游戏中的科学

铁做的回形针被吸到磁铁上，磁力也可以进入水中，因此你也可以钓到沉入盆底的“鱼”。

你知道吗

磁铁的磁力不受水的影响。磁铁分为永磁体和暂时性磁体。我们平时使用的基本都是暂时性磁体。信用卡上的磁条也可以看成小磁铁，用了一段时间之后，就需要进行补磁。

电池吸针

当电池遇到针，会发生什么呢？

准备好了吗

1节电池，1段细电线，1枚缝衣针，1杯水，1块塑料泡沫，1卷胶带。

开始游戏

1. 将针穿过塑料泡沫，放在水杯中。把电线的一端用胶带固定在电池一极上，然后用电线去接近针。

2. 再将电线的另一端接在电池的另一极上，用电线去接近针。（注意通电时间不要太久，以免损坏电池。）

游戏中的科学

当电线的一端接通电池的一极，然后用电线去接近针时，它没有反应。相反，当电线的两端分别接通电池的两极，然后用电线去靠近针时，它朝电线的方向移动。

这是因为电路接通后，相当于将电线变成一段磁铁，它的周围形成了磁场。正是这个磁场吸引了针。

你知道吗

电与磁在特定条件下是可以相互转化的，这个小游戏就是通过电池的电流产生了磁力。

蹦蹦跳跳，爆米花

爆米花不光好吃，你还能让它跳舞。

准备好了吗

爆米花（玉米花），1把塑料勺子，1条羊毛围巾或者羊毛头巾，1个碗。

开始游戏

1. 把塑料勺子放在羊毛围巾上摩擦几下。

2. 把勺子放在盛有爆米花的碗的上方。你就会看到，爆米花纷纷跳了起来，粘在勺子上面。接着，爆米花开始蹦蹦跳跳地向各个方向弹射出去。

游戏中的科学

一种物体的原子得到电子后会带上负电，失去电子会带上正电。电性相反的电荷会相互吸引，电性相同的电荷会相互排斥。塑料勺子带电之后把爆米花吸引住了，电子转到了爆米花上，也让爆米花带上了电。由于同样的电荷会相互排斥，因此爆米花会出现乱撞乱跳的情况。

你知道吗

这个小游戏的道具可以换作盐粒和米粒，也能出现一样的游戏效果。

做一个指南针吧

指南针是野外旅行者的必备设备。你想自己手工制作一个吗？

准备好了吗

条形磁铁，针，塑料盘，自来水，刀子，软木塞。

开始游戏

1. 在磁铁的一个极上磨针几十次，朝着一个方向磨。

2. 在塑料盘中倒上水。

3. 请别人帮忙在软木塞上切下薄薄的一片。

4. 让这片软木漂在水面上，把针放在上面。针会指向北方。

游戏中的科学

地球是有磁性的，并且有自己的磁场。指南针是指示磁场方向的仪器。指南针的北极（用N表示）会被地球地理上的北极（地球磁场的南极）吸引，因此它总会指向北方。通过在磁铁上磨针，针变成了磁铁。水可以让针自由转动。

你知道吗

在战国时期，我们的祖先就发明了指南针的前身“司南”，这是古代人民智慧的表现。

被腐蚀的薄铝片

难道电还具有腐蚀性？进行下面的游戏你就知道了。

准备好了吗

1块薄铝片，1块薄铜片，装有水的杯子

开始游戏

1.将薄铝片放在水中，然后在铝片上放上薄铜片。

2.静置一天后，发现玻璃杯里的水变得浑浊了，而铝片和铜片接触的地方出现了一个漏洞。

游戏中的科学

当铝和铜放在水里以后，组成了原电池，产生了电流和铝的氧化物，所以水变浑浊，而且铝片还出现了破洞。

你知道吗

这个小游戏其实蕴含了氧化还原反应以及化学能到电能的转化过程。

产生电流的土豆

金属和金属之间可以产生电流，那么金属和土豆也能产生电流，是不是让你大跌眼镜？

准备好了吗

1根铜丝，1根锌丝，1个生土豆，1副耳机。

开始游戏

1.将生土豆置于桌子上，将手指长的铜丝和锌丝分别插入。两根金属丝的距离1厘米左右。

2.将耳机插头接触两根金属丝，这时，我们可以听到耳机处发出清晰的“嚓嚓”声。

游戏中的科学

土豆汁接触了2根金属丝，形成了原电池，从而产生了微弱的电流，这个现象最初是被意大利的医生伽伐尼发现的，这个现象也以他的名字命名。

你知道吗

很多水果都能被做成电池，比如柠檬、西红柿这些富含水果汁的水果。这个游戏成败的关键在于利用根茎汁或果汁来作为电解质。

巧分胡椒粉和糖

不小心把糖和胡椒粉弄在一起了，有什么快速分离它们的办法呢？

准备好了吗

糖，胡椒粉，塑料勺，白纸，毛料

开始游戏

1. 在白纸上撒上一点糖，然后倒一点胡椒粉。

2. 用毛料摩擦塑料勺，然后用小勺靠近胡椒粉和糖，只见胡椒粉跳起来，吸附在了小勺上面。

游戏中的科学

塑料勺经过毛料摩擦之后，带有负电荷，对比较轻的胡椒粉产生吸引力，我们就能轻松地把糖和胡椒粉分开了。

你知道吗

如果用毛料将塑料勺多摩擦几次，小勺稍微靠近一点胡椒粉和糖，连糖也能被吸附起来。

迷你麦克风

下面这个游戏能让你实现自制麦克风，当个小小主持人的梦想。

准备好了吗

3根铅笔芯，火柴盒，干电池，耳机。

开始游戏

1. 把所有笔芯刮光滑。然后用两根铅笔芯靠近盒底两壁穿过火柴盒，再在两根笔芯上横放一根短笔芯。

2. 把这个“麦克风”连接上电话线，然后和电池以及耳机连接起来。

3. 平拿火柴盒向其中说话，耳机里可以清楚地听到你的声音。

游戏中的科学

当电流进入石墨笔芯，你朝着火柴盒说话的时候，火柴盒底就会震动，这样就改变了笔芯间的压力，电流就变得不均匀，电流的不稳定造成了耳机中声音的震动。

你知道吗

所有麦克风的原理都是通过声音的振动，最后改变电流，从而传递出去的。

玩具小蛇

经常被同伴拿着假蛇吓唬是不是很害怕，其实你也可以做一个跳动的玩具小蛇。

准备好了吗

剪一条10毫米×10毫米的螺旋状纸蛇，铁餐盘，钢笔，毛布料。

开始游戏

1. 将剪好的小蛇放在铁餐盘中，把“蛇头”拉起一些。

2. 用毛布料使劲摩擦钢笔，然后将钢笔置于纸蛇头的上方，纸蛇就会直起身来，不断向上冲撞。

游戏中的科学

在这个游戏中，钢笔通过毛布料的摩擦带上了电，吸引着不带电的纸蛇，每次接触会重新带上一部分电，但立刻又通过铁餐盘导出。如此反复，直到钢笔失去所有的静电。

你知道吗

如果是用塑料盘子，小蛇舞动一下以后就不会再舞动。因为这个时候小蛇和钢笔带有同样的电荷。

神奇的电跳蚤

让可爱的小东西活蹦乱跳吧！

准备好了吗

铝箔，毛料，CD唱片。

开始游戏

1.先用毛料摩擦CD唱片，然后将唱片平置在玻璃容器上。

2.然后将铝箔捻成豌豆大小的小球，扔在唱片上。只见小球开始沿着曲线互相分开，蹦蹦跳跳。

游戏中的科学

通过摩擦，唱片上带的静电并不均匀，各个铝箔吸电又放电，但又被唱片上带电不同的部位重新吸引。具有同样电极的小球相遇，它们又会相斥而分开。

你知道吗

这个小游戏也是利用“同性相斥，异性相吸”的原理完成的。

排队去，曲别针

让一枚枚曲别针自动排队，就如同风铃一样。

准备好了吗

1盒曲别针，1块磁铁。

开始游戏

1.将磁铁的一头对准其中的一枚曲别针的头部，就会看到曲别针牢牢地吸附在磁铁上。

2.用磁铁吊起第一枚曲别针，然后用这枚曲别针吸附下一枚曲别针，你会发现另一枚曲别针在被吸附后会自动滑落，使自己的尾端和已被吸附在磁铁上的曲别针的另一端相结合。只见两枚曲别针随风摆动。

3. 以此类推，你会发现许多曲别针排成整齐的队伍，随风摆动。

游戏中的科学

磁铁带有磁性，而曲别针是铁质的，当第一枚曲别针被磁铁吸附以后，它本身也变成了一个磁铁，于是也产生了磁力，从而接二连三地把曲别针全给吸附起来了。

你知道吗

最终能吸附曲别针的数量和磁铁本身的磁力有关。因为后面带有磁体的曲别针只是暂时性具有磁力，你可以取下母磁体，观察一会儿，没过多久，曲别针就会纷纷地掉落。

一艘小船，浮啊浮起来

手不用伸进水里，就可以随意控制小船的方向，赶快来玩这个游戏吧。

准备好了吗

1块软木，几根2厘米左右的铁钉，装有水的脸盆，1个强磁铁。

开始游戏

1. 将软木削成几条不超过4厘米的船板，在每条船板的背面钉进一根铁钉；船板上面打个小孔插进一根火柴，再折一张三角形的纸做帆，小船就做好了。

2. 将小船放进一个脸盆里，慢慢移动脸盆下的强磁铁。你移向哪儿，小船就会跟着一起移动。

游戏中的科学

磁力穿过水，直接影响到了船里的铁钉，当你移动磁铁的时候，小船也就随之移动了。

你知道吗

20世纪初，阿姆斯特丹曾经展出过一条小船，里面没有任何动力装置或推动系统，可是它却能在水面上不断地转圈，令所有参观者大吃一惊。其实原理很简单，这条船是铁做的，而小船游动的水池下面有一个放在大平底盘子的强磁铁，这个大盘子用一个电动机带动，慢慢地转动，小船就跟着磁铁移动的路线游动。

地球也有磁力

因为地球也有磁力，所以我们也能自制一个磁铁。

准备好了吗

1根熟铁棒，铁锤，曲别针。

开始游戏

1. 找到北方，将铁棒倾斜向下对着这个方向，然后用锤子敲打数次。

2. 发现铁棒对曲别针有吸附作用，带上了少许的磁性。

游戏中的科学

铁棒带上了磁性，是因为地球被磁力线所包围，磁力线贯穿南北。在地球的磁力线作用下，铁棒中的磁粒子在震动的时候指向北方，所以带有了一定的磁性。

你知道吗

如果把铁棒对准东西方向进行敲打，就可以消除铁棒上的磁性。生铁和熟铁的区别在于含碳量的不同，生铁的含碳量要多得多。

能被磁铁吸引的铅笔

铅笔是否能被磁铁吸引呢？做完下面这个游戏你就知道了。

准备好了吗

1根削好的铅笔，1根没削的铅笔，磁铁。

开始游戏

1. 首先把没削的铅笔平放在桌子上，然后把削好带尖的铅笔也放在桌上，使两支铅笔保持平衡。

2. 然后我们用小磁铁小心接近铅笔尖，你会发现，铅笔会转向磁铁。

游戏中的科学

这是因为铅笔中的石墨被磁铁吸引，吸引力虽然弱于铁，但原理是一样的。石墨中微小的原始磁颗粒本身是混乱排序的，通过强磁铁的磁场有序排列，出现南北两极，并使之被吸引。

你知道吗

这些磁性都是极度微小的。不过在科学领域，经过加工后的高纯度石墨却能具有很强的磁力。

能导电的石墨

石墨是电导体，在下面的游戏中，我们将来验证这个事实。

准备好了吗

1把剪刀，1个蓄电池，1只铅笔，小灯泡。

开始游戏

1. 将蓄电池正负两极分别接上剪刀和铅笔。

2. 然后铅笔和剪刀的尾端接触到小灯泡，小灯泡亮了起来。

游戏中的科学

石墨是非常好的导体，电流从电池正极通过剪刀、蓄电池、小灯泡再回到电池的负极，形成了一个回路。

你知道吗

甚至是白纸上的铅笔字迹，也能产生电流。其实石墨和金刚石、钻石的化学成分是一样的。

金刚石和石墨的化学成分都是碳，称“同素异形体”。从这种称呼可以知道它们具有相同的“质”，但“形”或“性”却不同，且有天壤之别，金刚石是目前最硬的物质，而石墨却是最软的物质之一。

磁力线图像

想知道磁力线是什么样的吗？不同磁铁的磁力线是不一样的。下面我们就来看看吧。

准备好了吗

1张白纸，1块磁铁，碎铁屑。

开始游戏

1. 将白纸放在磁铁之上，上面撒下铁屑。
2. 轻轻地敲打图纸，上面会出现一幅磁力线图像。

游戏中的科学

铁屑有序地排列成弧状线条，显示出磁力作用的方向。不同磁铁的磁力线是不一样的，小朋友可以分别用长形、马蹄形、圆形的磁铁来做实验。

你知道吗

这幅磁力线图，你也可以把它保留下来。方法如下：把白纸浸入蜡烛溶液中，让其冷却；然后再撒上铁屑；磁力线形成以后，可拿一支加温的熨斗，接近图画，画像即可固定下来。

两只戏水玩乐的磁鸭子

利用磁力，做两只戏水玩乐的磁鸭子吧！

准备好了吗

剪好了的2只纸鸭子，软木块，大头针，装有水的盆子，胶条。

开始游戏

1. 先用磁铁摩擦大头针，使之带磁，把每只纸鸭子都横插上大头针。

2. 将纸鸭子用胶带固定在软木块上，放入装满水的盘子里，刚开始它们做着弧形运动，然后就嘴部或头部相互贴近，转向东西方向。

游戏中的科学

鸭子沿着磁场路线相互接近，它们的运动来自各种力量的影响：异性磁极的吸引、同样磁极的排斥，以及地球磁场的作用。

你知道吗

利用磁力的同性相斥、异性相吸的原理，鸭子的头部时而贴近，时而分开。

第五章　非“光”勿扰

彩虹，彩虹，出现了

彩虹是可遇不可求的，不过你也可以自制彩虹。

准备好了吗

白纸，玻璃杯，水。

开始游戏

1. 把白纸铺在阳光能照射到的地方（要选择阳光明媚的天气）。

2. 将水倒进玻璃杯里，把水杯放在白纸上方约10厘米的地方。一会儿，你就可以看见白纸上出现了一道“彩虹”。

游戏中的科学

我们看见的太阳光实际是由一些不同波长和不同颜色的光组成的，杯子里的水可以折射光束，把太阳光分解成光谱上的七种颜色，所以白纸上就映出了一道“彩虹”。

你知道吗

彩虹（Rainbow）是气象中的一种光学现象。当阳光照射到半空中的雨点，光线被折射及反射，在天空上形成拱形的七彩的光谱。彩虹七彩颜色，从外至内分别为：红、橙、黄、绿、蓝、靛、紫。

彩虹是因为阳光射到空中接近圆形的小水滴，造成色散及反射而成。阳光射入水滴时会同时以不同角度入射，在水滴内亦以不同的角度反射。当中以40～42° 的反射最为强烈，形成我们所见到的彩虹。形成这种反射时，阳光进入水滴，先折射一次，然后在水滴的背面反射，最后离开水滴时再折射一次。因为水对光有色散的作用，不同波长的光的折射率有所不同，蓝光的折射角度比红光大。由于光在水滴内被反射，因此观察者看见的光谱是倒过来的，红光在最上方，其他颜色在下方。

水滴做个放大镜

用水滴和玻璃片就可以制作出简易的放大镜。

准备好了吗

玻璃片，水。

开始游戏

1. 将玻璃片洗净擦干净。

2. 把玻璃片放到离报纸上的小字不同距离处，观察字的大小有无变化。

3. 在玻璃片上滴上直径5毫米左右的一个水滴，这就成了一个水滴放大镜。用它观察报纸上的小字，找到一个合适的位置，直到看到放大的字迹最大、最清晰。

游戏中的科学

水和玻璃都是透明的。把水滴在玻璃片上，由于水滴上的表面张力形成了底面平上面凸起的平凸透镜，它和玻璃凸透镜（或平凸透镜）一样，对物体有放大作用。

你知道吗

放大镜（英文名称：magnifier）：用来观察物体细节的简单目视光学器件，是焦距比眼的明视距离小得多的会聚透镜。物体在人眼视网膜上所成像的大小正比于物对眼睛所张的角（视角）。视角愈大，像也愈大，愈能分辨物的细节。移近物体可增大视角，但受到眼睛调焦能力的限制。使用放大镜，令其紧靠眼睛，并把物放在它的焦点以内，成一正立虚像。放大镜的作用是放大视角。

扑克牌煮鸡蛋

利用扑克牌和锡纸我们居然可以煮熟鸡蛋！神奇吗？那就来做这个游戏吧。

准备好了吗

扑克牌1副，锡纸，双面胶，生鸡蛋，小铁罐，水。

开始游戏

1. 用双面胶将锡纸贴在扑克牌上，制成几十个小锡板。

2. 给小铁罐装上水，然后把生鸡蛋放进去。

3. 固定小锡板，并调整锡板的角度，使它反射的阳光都能射进小铁罐里。

4. 没过多一会儿，你就会惊奇地发现，扑克牌竟然将鸡蛋煮熟了。

游戏中的科学

扑克上的锡纸把阳光反射到了小铁罐里，聚集的大量光线在小铁罐里产生了很大的热量，很快就把鸡蛋煮熟了。

你知道吗

太阳能既是一次能源，又是可再生能源。它资源丰富，既可免费使用，又无须运输，对环境无任何污染，为人类创造了一种新的生活形态，使社会及人类进入一个节约能源、减少污染的时代。

尽管太阳辐射到地球大气层的能量仅为其总辐射能量的1/22亿，但已高达173000TW，也就是说太阳每秒钟照射到地球上的能量就相当于500万吨煤燃烧释放的能量。地球上的风能、水能、海洋温差能、波浪能和生物质能以及部分潮汐能都来源于太阳；即使是地球上的化石燃料（如煤、石油、天然气等）从根本上说也是远古以来贮存下来的太阳能，所以广义的太阳能所包括的范围非常大，狭义的太阳能则限于太阳辐射能的光热、光电和光化学的直接转换。

你见过油中的彩虹吗

你见过油中的彩虹吗？肯定没见过，那我们就在下面的游戏里去体验一下吧。

准备好了吗

自来水，平底不粘锅，空眼药水瓶子，色拉油，1扇明亮的窗户。

开始游戏

1. 在平底锅里倒2～5厘米深的自来水。

2. 把平底锅放在一张靠近窗户的桌子上（注意不要把平底锅直接放在阳光中）。

3. 从一个角度上看着水面，在这个角度上光线能反射到你的眼中。

4. 从同一个角度观察水，用眼药水瓶子在靠近你的锅边滴一滴油，并向水面吹气。

游戏中的科学

当你把油滴进水中，会在锅另一个边缘处油膜上看到彩色。当你向水面吹气时，彩色图案发生了变化。光线穿过油时会发生反射和折射，你能看见光谱的所有颜色。当你向水面吹气时，因为油膜厚度会变化，光也会改变弯曲的方向，所以彩色图样会改变形状。

你知道吗

当光斜射到水面时，不仅会发生反射，同时还会发生折射。光从一种介质斜射入另一种介质时，传播方向会发生偏折，这种现象叫作光的折射。光在两种物质分界面上改变传播方向又返回原来物质中的现象，叫作光的反射。

无穷的玻璃球

利用光的折射，镜面里会出现很多玻璃球。

准备好了吗

2块同样大的小镜片，玻璃球，胶带。

开始游戏

1. 将2块镜片用胶带连接在一起。

2. 打开2块镜片，让它们之间形成一定角度，竖放在桌面上。在镜片之间放一个玻璃球，仔细观察镜子里玻璃球的数目。

3. 将镜片逐渐合拢，看看又有什么新的变化。

游戏中的科学

镜片搭在一起时，物体的光不断在镜片之间反射。镜片之间角度越小，出现的影像就越多。如果将两个镜片面对面平行放着，中间放上玻璃球，这时镜子里的玻璃球一个接一个，好像永远看不到尽头。

你知道吗

如果将玻璃球替换成一个小铅球，你会发现随着镜片角度的不断缩小会出现不同的多边形。

如同断掉一样的吸管

经过光线的折射，杯子中的吸管好像断掉一样。

准备好了吗

透明塑料杯，自来水，吸管。

开始游戏

1. 在塑料杯中倒满水。

2. 把吸管插在杯子中。

3. 弯下腰透过杯壁看吸管，你发现了什么？

游戏中的科学

当你从侧面看吸管时，它看上去好像折断了，但事实上吸管并没断。光线的传播速度在空气中比在水中快，光线从空气中照进水里会发生折射。在空气与水的交界处（光从空气进入水中的地方），吸管看上去就像折断了一样。

你知道吗

折射定律由荷兰数学家斯涅尔发现，是在光的折射现象中，确定折射光线方向的定律。浅显地说，就是光由光速大的介质中进入光速小的介质中时，折射角小于入射角；从光速小的介质进入光速大的介质中时，折射角大于入射角。

天哪，杯子也长眼睛

在下面的游戏中，杯子上的图像和实物是相反的。

准备好了吗

1个纸杯，1枚钉子，1张透明纸，透明胶带，胶水，1张黑色的纸，1支蜡烛，1根火柴。

开始游戏

1. 把黑色纸张卷成筒状，塞进纸杯，让它贴紧纸杯的内壁。用钉子在纸杯底部的中央戳一个洞。

2. 把透明纸盖在杯口上，用透明胶带固定。熄灭房间里的灯或者拉上窗帘，不要让光线进入房间。之后点燃蜡烛。

3. 把纸杯平放在你的面前，让杯口上的透明纸对着你，杯子底部的小孔对准蜡烛。透明纸上出现了上下颠倒的蜡烛图像。当你把蜡烛吹灭后，图像随即消失。

游戏中的科学

蜡烛发出的光穿过杯底上的小孔后，在杯子中沿直线进行传播。当光线在传播途中被透明纸挡住后，透明纸上就会出现一个上下颠倒的蜡烛图像。由于从蜡烛火焰上部发出的光线落在了透明纸的下部，从蜡烛火焰下部发出的光线落在了透明纸的上部，因此，蜡烛最后在透明纸上形成的图像是上下颠倒的。这会让你觉得杯子也长了眼睛，真是奇妙的体验。

你知道吗

光是人类眼睛可以看见的一种电磁波，也称可见光谱。从科学定义来说，光是指所有的电磁波谱。光是以光子为基本粒子组成的，具有粒子性与波动性，称为波粒二象性。光可以在真空、空气、水等透明的物质中传播。对于可见光的范围没有一个明确的界限，一般人的眼睛所能接受的光的波长在400～700毫米之间。人们看到的光来自太阳或借助于产生光的设备，包括白炽灯泡、荧光灯管、激光器、萤火虫等。

天空的颜色

运用简单的工具，自己就可以制作出天空的颜色！

准备好了吗

透明塑料杯，牛奶，自来水，手电筒。

开始游戏

1. 把塑料杯装满水。

2. 在杯中滴入几滴牛奶，使水稍微浑浊。

3. 关上房间内的灯，拉上窗帘，使房间变暗。

4. 打开手电，使光束平行穿过杯子，从上向下看杯子，你能发现杯子里的水变成天空一样的蓝色。

游戏中的科学

当你把牛奶滴入水中，由于牛奶微粒的散射作用，手电筒的光就会被看得更清楚了。微粒能散射光线中的蓝色光，所以你会看到天空一样的蓝色。地球的大气层中含有大量细尘和水滴，由于微粒散射，使天空看起来是蓝色的。

你知道吗

当日出和日落的时候，天空就不只是蓝色的，因为阳光在不同角度穿过更多粒子，散射情况也不一样了，其他光线也会被散射，从而表现出其他的颜色。

有花纹的树叶

想让树叶上有漂亮的花纹吗？那就做下面的这个游戏吧！

准备好了吗

大叶植物，纸，曲别针，小刀。

开始游戏

1. 把纸裁成1厘米宽的小纸条，然后用曲别针固定在植物的叶子上。（注意动作要轻些，不要把植物的叶子弄坏了。）

2. 几天后，拆掉叶子上的小纸条，就发现叶子上出现了一条条深浅不一的纹路。

游戏中的科学

植物在阳光的照射下才能产生叶绿素。植物上被纸条包裹住的那些部分不能产生叶绿素，所以就变成了浅色。在做这个实验的时候，可以把纸剪成不一样的形状，叶子上就会出现不一样的图案。同样的道理，在苹果上贴上纸条或者是文字，一段时间以后，上面也会出现同样的效果。

你知道吗

印有“福”字的水果，不仅味道一样鲜美，而且美观吉利，是大家过年过节都会买的佳品。

土豆闯迷宫

植物也可以走迷宫，神奇吗？

准备好了吗

1个带盖的鞋盒，几张硬纸板，胶条，剪刀，1个土豆。

开始游戏

1. 在鞋盒的一头剪1个小洞，大小可以透进一点儿光线。剪3条硬纸板，比盒子的宽度略窄。

2. 在每个纸板的一端折出一个边，并把这个边粘在盒子的一侧。

3. 把土豆放在远离小洞的另一侧（土豆最好是快要发芽的）。盖上鞋盖，然后把盒子放在一个阳光充足、空气流通的地方。

4. 几天后，土豆就开始长芽，嫩芽会绕过迷宫朝着光的方向生长。

游戏中的科学

阳光对于植物的生长是必不可少的，这是因为植物要利用阳光，在光合作用的过程中生成养料。在实验中，土豆能够钻出纸盒迷宫就是植物的向光性在暗中发挥作用。

你知道吗

植物会朝着光源生长，植物有个胚芽鞘。胚芽鞘顶端是分泌生长素的地方，生长素随不同的光照，分泌得也不一样。一定浓度的生长素适合植物生长，过高或过低都会抑制植物的生长。由于植物

只有一面受到光照，两端生长素分泌不均匀，于是就出现了向光生长的特性。

长啊，长啊，蔓延的豆芽藤

在下面的游戏里，你会发现豆芽慢慢地爬上铅笔，十分有意思。

准备好了吗

豆子，玻璃杯，白纸，小毛巾，铅笔，胶带，水。

开始游戏

1. 先将豆子放在温水里浸泡，等它发出小芽。

2. 将白纸卷成筒状，放进杯子里，然后，再把小毛巾弄湿，揉成团，放进纸筒里。

3. 捡4颗嫩芽发得比较好的小豆子，小心地固定在玻璃杯和纸筒之间。

4. 将铅笔竖着对齐小豆芽的上方，用胶带把它固定在玻璃杯的外侧。

5. 保持玻璃杯里小毛巾的温度，每天给它浇些水。这样观察一到两个星期豆芽的自然生长，你会发现小豆子的茎会缠绕在铅笔上，紧紧地抱着铅笔。

游戏中的科学

铅笔接触的一侧豆芽茎没有被太阳光直接照射，长得比较慢些，茎的外侧被太阳光直接照射，就长得比较快。而且茎不管触碰到任何东西，都会像包扎物体似的缠绕在物体上。

你知道吗

蔓是植物为了更好地吸收阳光和营养而进化成的，缠绕比自己高的乔木是为了吸收阳光，在密林里越高的位置对植物生长越有利。大量的藤蔓植物还会因为过度缠绕大型乔木，使乔木“窒息而死”，形成一个不会和他们争夺土壤养分的架子，这在植物界被称为“绞杀现象”，是藤蔓类植物生存的重要手段。

彩色陀螺

快速转动的陀螺，似乎颜色也发生了改变。

准备好了吗

尺子，铅笔，剪刀，圆形的卡片纸，2只不同颜色的彩笔。

开始游戏

1. 用尺子在圆形卡片纸上画一个“＋”，将圆面平均分成4份。

2. 用彩笔轮流给每份扇形涂上颜色。

3. 用尖头的剪子在圆心扎一个洞，洞的大小以能穿过一支铅笔为宜。

4. 将铅笔笔尖向下穿过圆心处的洞。

5. 在两手之间转动铅笔，看着圆面上的颜色，你能发现什么?

游戏中的科学

当快速转动铅笔时，眼睛看到的不是单独的颜色，而是已经混合的颜色。你所看到的颜色取决于你用了什么颜色的彩笔。这就是放电影的原理，虽然电影胶片由单独的胶片组成，但看上去却能动。放电影时，胶片快速转动，我们的眼睛无法看清每张照片，因此会把电影视为一个连续移动的场景。

你知道吗

人眼在观察景物时，光信号传入大脑神经，需经过一段短暂的时间，光的作用结束后，视觉形象并不立即消失，这种残留的视觉称“后像”，视觉的这一现象则被称为“视觉暂留”。

光对视网膜所产生的视觉在光停止作用后，仍保留一段时间的现象，其具体应用是电影的拍摄和放映。这是由视神经的反应速度造成的，其时值是1/24秒。这一原理是动画、电影等视觉媒体形成和传播的根据。

会拐弯的光线

光线应该是沿着直线传播的，可是在下面的游戏中，它却拐弯了。

准备好了吗

大矿泉水瓶，手电。

开始游戏

1. 在大矿泉水瓶距离底部约5厘米的地方开一个小洞，用手指压住后装满水，再盖上瓶盖，小洞是不会漏出水来的。

2. 关闭房间的光源，同时用手遮住电筒的部分光线，让光束变得细长。

3. 将细长的光线与瓶体垂直，然后打开瓶盖，水会从小洞里流出，这个时候你会惊奇地发现，光也会随水一起流出，水流也会变成光线流，落地处也变得十分明亮。

游戏中的科学

当手电筒的光以垂直于瓶壁的角度通过瓶中水的时候，不能发生光的折射，从而又全部被反射回水中，形成了全反射现象。光线在水中不断进行着全反射，最后就完全和水流的方向一致了。

你知道吗

光从光密介质射入光疏介质。当入射角增大到某一角度，使折射角达到90° 时，折射光完全消失，只剩下反射光，这种现象叫作全反射。

发生全反射的条件：（1）光从光密介质射入光疏介质；（2）入射角大于或等于临界角。

透明伞套做出的双色彩虹

用透明伞套加手电筒，我们就可以制作出双色彩虹。

准备好了吗

透明伞套，牛奶，水。

开始游戏

1.在细长的伞套中滴入几滴牛奶，然后装满水，打结封口。

2.将伞套平放在桌子上，关掉房间里的光源，用手遮住手电筒的部分光线，让光束变得细长。

3.用光束照射伞套，然后你会发现，靠近手电的那一端可以看见蓝光，而另一端则能看见红光。

游戏中的科学

手电的光线也是由红、蓝等单色光组合而成的复合光。空气中的微粒会将光散射，当伞套中加牛奶以后，牛奶就扮演了形成散射光微粒的角色。波长较长的红光不容易被散射，而蓝光波长较短，容易被散射，因此接近手电筒的这端，可以散射出蓝色光，红色光因为不容易被散射，所以落在伞套的另一端。

你知道吗

在日出和日落前后的天边，有时会出现五彩缤纷的霞。日出前后在东方天空看到的霞称早霞，日落前后的霞称晚霞。

霞是由于日出和日落前后，阳光通过厚厚的大气层，被大量的空气分子散射造成的。当空中的尘埃、水汽等杂质愈多时，其色彩愈显著。如果有云层，云块也会染上橙红艳丽的颜色。

日出前后出现鲜红的朝霞，说明大气中的水汽已经很多，而且云层已经从西方开始侵入本地区，预示天气将要转雨。出现大红色金黄色的晚霞，表示在我们西边的上游地区的天气已经转晴或云层已经裂开，阳光才能透过来造成晚霞，预示笼罩在本地上空的雨云即将东移，天气就要转晴。

喷壶里长出彩虹啦

背对着太阳，我们可以用喷壶喷出水雾，制造出美丽的彩虹。

准备好了吗

一个喷壶。

开始游戏

1. 选一个风和日丽的下午，背对着太阳站立，用喷壶喷出水雾。

2. 水雾所到之处都可以看到“彩虹”。

游戏中的科学

水雾是由许多微小的球形水滴聚集而成，太阳光进入水滴内的光线会经过折射、反射，再折射。由于水对光的折射率随着光的波长变化，因此各种光被小水滴折射出的方向也就各不相同，会呈现出红、橙、黄、绿、靛、蓝、紫7种颜色。这就是我们说的彩虹。由于色光在小水滴内被反射，我们看到的光谱是倒过来的，所以红色光在上，慢慢向紫色光变化。

你知道吗

彩虹的明显程度，取决于空气中小水滴的大小，小水滴体积越大，形成的彩虹越鲜亮，小水滴体积越小，形成的彩虹就不明显。一般冬天的气温较低，在空中不容易存在小水滴，下雨的机会也少，因此冬天一般不会有彩虹出现。

彩虹其实并非出现在半空中的特定位置。它是观察者看见的一种光学现象，彩虹看起来的所在位置，会随着观察者而改变。当观察者看到彩虹时，它的位置必定是在太阳的相反方向。彩虹的拱以内的中央，其实是被水滴反射，放大了的太阳影像。所以彩虹以内的天空比彩虹以外的要亮。彩虹拱形的正中心位置，刚好是观察者头部阴影的方向，虹的本身则在观察者头部的影子与眼睛一线以上

40～42° 的位置。因此当太阳在空中高于42° 时，彩虹的位置将在地平线以下而看不见。这亦是彩虹很少在中午出现的原因。

变清晰的镜子

起雾后的镜子完全看不清物体，我们用肥皂擦一擦，镜子就变得清晰无比了。

准备好了吗

浴室里的镜子，肥皂。

开始游戏

1. 洗完澡以后发现镜子上面布满了雾珠。这个时候照镜子完全看不清自己。

2. 在起雾的镜子上，擦上一层薄薄的肥皂。用清水冲洗干净，镜子立刻变得很清晰。

游戏中的科学

镜子起雾是由于小水滴在其表面引起了漫反射，长期使用的镜子镜面上有污垢，于是不容易被水沾湿，由于镜面具有疏水性，水蒸气形成水滴会附着在镜面的污垢上面，形成凹凸不平的表面，从而使得反射光线往不同方向无规则的反射。当擦上肥皂以后，镜面上的污垢褪去，水滴和水滴之间得以同一平面上连接一起，形成了一层薄膜，这个时候镜子表面就具有亲水性了，抑制了光的漫反射。

你知道吗

当一束平行的入射光线射到粗糙的表面时，因面上凹凸不平，所以入射线虽然互相平行，但是各点的法线方向不一致，造成反射光线向不同的方向无规则地反射，这种反射称之为“漫反射”或“漫射”。这种反射的光称为漫射光。很多物体，如植物、墙壁、衣服等，其表面乍看起来似乎平滑，但用放大镜仔细观察，就会看

到其表面凹凸不平，所以本来平行的太阳光被这些表面反射后，弥漫地射向不同方向。

肥皂泡中看彩虹

附在杯口的肥皂泡中，可以看到美丽的彩虹。

准备好了吗

1个盆，1个杯子，洗发香波。

开始游戏

1. 打一盆水，滴入几滴洗发香波，搅动一下制成泡泡液。

2. 拿一个塑料杯，小心将杯口浸入肥皂液中，然后拿起，放在太阳光下，就可以在杯口的肥皂泡中看到可以流动的彩虹。

游戏中的科学

太阳光穿过杯口的肥皂泡照到杯子内壁，杯子内壁反射的光和肥皂泡表面反射的光产生了叠加，这就造成了光的干涉，使得各色光的口径不同，且长短不一，这就形成了彩虹。

泡泡太厚或者太薄都无法产生干涉现象。

你知道吗

干涉现象是波动独有的特征，如果光真的是一种波，就必然会观察到光的干涉现象。1801年，英国物理学家托马斯·杨（1773—1829）在实验室里成功地观察到了光的干涉。

两列或几列光波在空间相遇时相互叠加，在某些区域始终加强，在另一些区域则始终削弱，形成稳定的强弱分布的现象。只有频率相同、位相差恒定、振动方向一致的相干光源，才能产生光的干涉。由两个普通独立光源发出的光，不可能具有相同的频率，更不可能存在固定的相差，因此，不能产生干涉现象。

白纸上的彩虹

让彩虹在白纸上排列出来，更好地让我们观测。

准备好了吗

脸盆，白纸，水。

开始游戏

1. 在脸盆中装满水，靠着盆壁放一面镜子，调整使之面对太阳。

2. 拿一张白纸，让阳光反射到白纸上，调整镜子和白纸的位置，可以看到白纸上出现了色彩分明的彩虹。

游戏中的科学

阳光是由许多波长不同的光组成的。波长不同的光在水中折射率是不一样的，于是由镜子反射的太阳光透出水面后，就会分散开来，在白纸上形成彩色光谱。

你知道吗

光谱是复色光经过色散系统（如棱镜、光栅）分光后，被色散开的单色光按波长（或频率）大小而依次排列的图案，全称为光学频谱。光谱中最大的一部分可见光谱是电磁波谱中人眼可见的一部分，在这个波长范围内的电磁辐射被称作可见光。光谱并没有包含人类大脑视觉所能区别的所有颜色，譬如褐色和粉红色。

断断续续的手指

在显像管电视机前反复晃动手指，你会发现手指断断续续地出现。

准备好了吗

显像管电视机。

开始游戏

1.打开电视机，在电视画面前反复晃动手指。

2.虽然手指一直晃动，但在电视屏幕前是断断续续的。而且你感觉你的手指变多了！

游戏中的科学

电视每秒播出30个画面，这样我们看到的画面都是连贯的。也就是说，电视画面是以每秒30次的周期忽亮忽灭的。当手指在屏幕前迅速晃动的时候，也就相当于手指在以某种周期忽亮忽灭，我们就断断续续地看到了手指的晃动。

你知道吗

为什么对着日光灯晃动手指没有这样的效果呢？这是因为电视屏幕和日光灯发出的光虽然都是闪烁的，但电视屏幕和日光灯的闪烁频率不一样。日光灯闪烁的频率比电视机的频率要高得多。

我们在日光灯下看书或其他静止的物体时，没有闪烁的感觉，是因为人的眼睛有视觉暂留，我们看到的东西可以在眼睛的视网膜上保留0.1秒左右，在日光灯灭了的一瞬间，我们的视网膜上还保留着前面亮时的痕迹，灯亮后被看的东西还在同一个地方，所以我们不会感到灯光的闪烁。

无尽头的镜中镜

我们通过2面镜子，可以制造出一条无尽头的路。

准备好了吗

1面大一点的镜子，1面小一点的镜子。

开始游戏

1.将1面小镜子放在两眼中间，让两只眼都能看到前面的大镜子。

2.两面镜子处于平行的位置，镜面相对，你可以看到无尽头的镜中镜，貌似一条无尽头的路一样。

游戏中的科学

两面镜子相互反射光线以后，呈现出无尽头的镜中镜，由于镜子的表面并不是完全无色的，而是稍有一些绿色，因此每次反射都会有部分光线被吞噬，越深远的图像越是阴暗和模糊不清。

你知道吗

镜子是一种表面光滑，具有反射光线能力的物品。最常见的镜子是平面镜，常被人们利用来整理仪容。在科学方面，镜子也常被使用在望远镜、激光、工业器械等仪器上。具有有规则反射性能的表面抛光金属器件和镀金属反射膜的玻璃或金属制品，镜子常镶以金属、塑料或木制的边框。镜子分平面镜和曲面镜两类。其中，曲面镜又有凹面镜、凸面镜之分。镜子主要用作衣妆镜、家具配件、建筑装饰件、光学仪器部件以及太阳灶、车灯与探照灯的反射镜、反射望远镜、汽车后视镜等。

“水里的硬币”不见了

这是一个小魔术，你学会以后就可以在其他小朋友面前露一手啦！

准备好了吗

白色的纸片，玻璃瓶，1枚硬币，水。

开始游戏

1. 将硬币平放在白色的纸片上。

2. 将玻璃瓶放在硬币之上，远看就好像硬币在玻璃瓶里的感觉一样。

3. 给瓶子加满水，你会发现硬币不见了。

游戏中的科学

开始硬币放在瓶子拱形的底部，光线通过瓶底把硬币反映到我们的眼里，让我们相信，硬币确实是在瓶中。当瓶子中注满水以后，光线无法再穿过瓶底，而是在瓶底遭遇一个水下折角向下反射过去，从而形成一个水银状的镜面。这个时候，我们最多能从瓶子的正上方看到硬币。

你知道吗

其实这个小游戏就是利用我们的视觉盲区。很多魔术都是根据光线对人眼的影响创造出来的。

破解暗码

我们在下面的游戏中也可以体验一把破解密码的乐趣。

准备好了吗

字母表，笔，白纸，玻璃棒。

开始游戏

1. 对照字母表，把字母反着（和原来的字母呈现x轴对称）写在一张白纸上，字体的大小要比玻璃棒的直径小。

2. 平拿着玻璃棒距字母约1厘米的地方，通过光的折射，反写的字母就会再次反过来，变成可读的内容。

游戏中的科学

反写的字母通过光的折射后，在玻璃棒上呈现出的是正确的字样。这也算是一个小小的密码吧。

你知道吗

公元前405年，雅典和斯巴达之间的伯罗奔尼撒战争已进入尾声。斯巴达军队逐渐占据了优势地位，准备对雅典发动最后一击。这时，原来站在斯巴达一边的波斯帝国突然改变态度，停止了对斯巴达的援助。在这种情况下，斯巴达急需摸清波斯帝国的具体行动计划，以便采取新的战略方针。正在这时，斯巴达军队捕获了一名从波斯帝国回雅典送信的雅典信使。斯巴达士兵仔细搜查这名信使，可搜查了好大一阵，除了从他身上搜出一条布满杂乱无章的希腊字母的普通腰带，别无他获。情报究竟藏在什么地方呢？斯巴达军队统帅莱桑德把注意力集中到了那条腰带上，他反复琢磨研究这些天书似的文字，把腰带上的字母用各种方法重新排列组合，怎么也解不出来。当他无意中把腰带呈螺旋形缠绕在手中的剑鞘上时，奇迹出现了。原来腰带上那些杂乱无章的字母，竟组成了一段文字。这便是雅典间谍送回的一份情报，斯巴达军队根据这份情报马上改变了作战计划，以迅雷不及掩耳之势攻击毫无防备的波斯军队，一举将它击溃，解除了后顾之忧。

想看见气体的样子吗

你想看见气体的样子吗？那就做下面的游戏吧！

准备好了吗

玻璃杯，小苏打，醋。

开始游戏

1. 倒入杯子中少许小苏打和食醋，就会产生二氧化碳。

2. 背对着阳光，找一面干净的墙壁，然后将杯子缓缓倾斜，观察墙壁上的影子。

3. 你会看到气体以深浅相间的纹影状态从杯中“流淌”出来。

游戏中的科学

二氧化碳的密度比空气大，光线在穿过二氧化碳的时候被折断，墙壁上显现的浅色气旋，出现在光被折射时导向更多光线的地方，而深色气旋则出现在光线被偏引的地方。

你知道吗

二氧化碳是空气中常见的化合物，其分子式为CO_2，由两个氧原子与一个碳原子通过共价键连接而成，常温下是一种无色无味气体，密度比空气略大，能溶于水，并生成碳酸。液态二氧化碳蒸发时吸收大量的热而凝成固体二氧化碳，俗称干冰。二氧化碳被认为是造成温室效应的主要来源。

做个幻灯机，给自己一场电影

这个游戏的原理和电影放映机以及幻灯片类似。

准备好了吗

反射灯泡（指利用光的反射将光源发出的光最大程度利用的照明光源），白色墙壁，一张图片，放大镜。

开始游戏

1. 在一个黑暗的房间里，用带有反射灯泡的灯照射白色的墙壁，在灯的前面放一个放大镜。

2. 在灯前面放一张图片，你可以在墙上看到它的放大效果。

游戏中的科学

这个游戏是利用凸透镜成像原理进行的。调整物体、镜头、墙壁之间的距离，我们可以在墙壁上得到不同大小的像。

你知道吗

幻灯机的工作原理：凸透镜有一个特性，即当物体距透镜的距离大于一倍焦距而小于二倍焦距时，成倒立、放大的实像。当幻灯片与镜头的距离在一倍焦距和二倍焦距之间，用强光照射幻灯片时，就可以在屏幕上得到倒立、放大的实像。为了使得到的像成为“正立”的，所以要把幻灯片上下颠倒放置。

从羽毛里看大千世界

从羽毛的缝隙里看到的蜡烛和我们平时观察到的蜡烛有很大的不同。

准备好了吗

暗室，大羽毛，蜡烛。

开始游戏

1. 把房间里的光源全部关闭。

2. 点燃蜡烛，在距离蜡烛1米远的地方把羽毛紧贴眼睛，看着蜡烛，这个时候你会发现，在你眼前出现的是排列成X形状的多个火苗，而且闪烁着光谱的颜色。

游戏中的科学

这个现象就是所谓的“衍射”。当人通过羽毛观察蜡烛的时候，均匀排列的羽毛组成的缝隙之间，存在着锐利的边缘间隙，光线通过这里时被“折断”，即被引开，并把光谱中的颜色分解出来，由于羽毛里含有多条缝隙，因此在人的眼前出现多个火苗。

你知道吗

光在传播路径中，遇到不透明或透明的障碍物，绕过障碍物，产生偏离直线传播的现象称为光的衍射。产生衍射的条件是：由于光的波长很短，只有十分之几微米，通常物体都比它大得多，但是当光射向一个针孔、一条狭缝、一根细丝时，可以清楚地看到光的衍射。用单色光照射时效果好一些，如果用复色光，则看到的衍射图案是彩色的。

眼中的灰尘

人的眼睛里其实充满了灰尘，通过下面的游戏你就会明白这个道理。

准备好了吗

1张硬纸板，1根针，1个毛玻璃灯泡。

开始游戏

1. 在一张硬纸板上用针扎一个针孔，通过针孔观察发光的毛玻璃灯泡。

2. 在视线中你可以看到奇怪的景象，那就是很多微小的絮状物体在你面前浮动。

游戏中的科学

这不是错觉，这些絮状的气泡是眼中的尘埃在虹膜上的影子，

它们重于眼中的液体，所以在眨眼的时候，总是向下浮动，如果你把头歪向一侧，眼中灰尘就会滑向眼角，这说明它们是遵守重力法则的。

你知道吗

眼（又称眼睛、目）是一个可以感知光线的器官。最简单的眼睛结构可以探测周围环境的明暗，更复杂的眼睛结构可以提供视觉。复眼通常在节肢动物（例如昆虫）中发现，通常由很多简单的小眼面组成，并产生一个影像（不是通常想象的多影像）。在很多脊椎动物和一些软体动物中，眼睛通过把光投射到对光敏感的视网膜上面成像，在那里，光线被接受并转化成信号，通过视神经传递到脑部。通常眼睛是球状的，当中充满透明的凝胶状物质，有一个聚焦用的晶状体，通常还有一个可以控制进入眼睛光线多少的虹膜。

第六章　我的“水”神啊

弥漫的水迹

水滴在报纸上，你会发现，水迹会不断地扩大。这是为什么呢？

准备好了吗

清水，报纸。

开始游戏

1. 将水滴在报纸上，观察现象。

2. 发现水滴开始是圆形的，没一会儿就逐渐变成了椭圆形。

游戏中的科学

报纸，是由纸浆再加工而成，本质上都是植物纤维制造出来的，所以，纤维的走向决定了水的走向，水滴浸入这些极小的“毛细管”中后，就会沿着纤维的走向蔓延。

你知道吗

植物为了生存，进化形成了强大的吸水能力，所以植物纤维具有很强的吸水性。

变小的体积

在下面的游戏里，1+1=2的法则失效了，这是怎么一回事呢？

准备好了吗

3个200毫升的量筒，酒精，水。

开始游戏

1. 先取100毫升的酒精，然后再量取100毫升的水。

2. 将这两个量筒的液体倒入第三个量筒里面，我们会惊讶地发现，量筒里的液体不足200毫升。

游戏中的科学

是不是误差呢？你一定会这么想，然而不管你努力重复几次试验，还是无功而返。这是因为液体是由分子组成的，当水和酒精混合后，水分子和酒精分子的吸引力较之单纯的水分子和酒精分子之间要大一些，这样分子之间的间隙就会减少，混合液的总体积也就减少了。

你知道吗

我们见到的物质都是分子和原子构成的，只是我们的肉眼很难观察到罢了。在微观世界里，分子间也存在间隙，不同分子间的吸引力不一样，间隙也有大小之分。

“火山”爆发的奇景

用一点颜料，我们就可以做出火山爆发的奇景了！

准备好了吗

大玻璃碗，小玻璃杯，热水，冷水，毛笔，颜料。

开始游戏

1. 给大玻璃碗倒入半碗冷水（能浸没小玻璃杯），然后给小玻璃杯中倒入热水。

2. 用毛笔蘸一些颜料，滴在小玻璃杯中，然后将小玻璃杯放入大坡璃碗中，使小玻璃杯被完全浸没，只见玻璃杯里的热水一下就涌到了冷水上面，就像炙热的火山岩浆一样。

游戏中的科学

当水的温度大于4℃的时候，它是遵循热胀冷缩规律的，同质量的热水体积比冷水要大，密度也会比冷水小。因此热水立刻上升，冷水却下沉，形成了对流，这样我们就看见了岩浆爆发。

你知道吗

火山喷发的现象，是地壳下面的岩浆冲出地壳时造成的。由于地球内部温度很高，压力极大，因此岩石在800℃以上的高温下会变成通红的炽热液体，随着温度的提高，岩浆产生的物理和化学反应可以施放出有毒气体，好像水中的气泡一样上升到岩浆表面破裂。这就是人们看到的岩浆沸腾的样子。火山喷发的时候，岩浆从地下喷发出来，汇成一条沸腾的河流奔涌向前。直到岩浆逐渐冷却，形成玄武岩或者橄榄石。

海底火山起初只是沿洋底裂谷溢出的熔岩流，之后逐渐向上增高。大部分海底火山喷发的岩浆在到达海面之前就被海水冷却，不再活动了。所以，人们从来没有真正看到过海底火山爆发的景象。至多，只是看到海底的熔岩泉不断冒出新的岩浆形成新的火成岩。

水中掷硬币

做完下面这个游戏后，你就会知道，向水中掷硬币并不是一个很简单的事情。

准备好了吗

小玻璃鱼缸，小玻璃杯，1枚硬币，清水。

开始游戏

1. 将小玻璃杯放入大口径的玻璃鱼缸中，缓慢注满清水直至淹没小玻璃杯。

2. 试着将硬币从外面投进小玻璃杯，发现很难成功。

游戏中的科学

如果你笔直地放下硬币，在水中下沉的硬币会走一个曲线，因为下落的硬币只要稍有倾斜，下落时候向下倾斜的一面，就会遇到很大的水阻力。这样，水的阻力就会使硬币轻微旋转，最后滑出一条弧形的路线。

你知道吗

罗马有个著名的许愿池，许愿池是力量的象征。罗马人有一个美丽的传说，只要背对喷泉从肩以上抛1枚硬币到水池里，就有机会再次访问罗马。很多旅游者在喷泉边排着队往里抛硬币，就是被这座城市迷住了的证明。喷泉的名字特雷维（Trevi）是三岔路的意思，因为喷泉前面有3条道路向外延伸，也正是喷泉名字的由来。

拳头有多大

想知道自己的拳头有多大吗？让我们来做下面的游戏吧！

准备好了吗

秤，玻璃杯，水。

开始游戏

1. 将玻璃杯装适量水，放在秤上。观察秤的读数。

2. 将拳头放进水中，注意不能使得拳头接触到容器，也不能让水外溢出玻璃杯。秤上重量的增加就是拳头的体积。

游戏中的科学

水的密度是1千克每立方厘米，所以拳头进入水以后，重量增加多少克意味着你的拳头恰好有相同的立方厘米大。

你知道吗

在古代就有“曹冲称象”的典故。曹冲长到五六岁的时候，知识和判断能力所达到的程度可以比得上成人。有一次，孙权送来了一头巨象，曹操想知道这象的重量，询问属下，都不能说出称象的办法。曹冲说：“把象放到大船上，在水面所达到的地方做上记号，再让船装载其他东西，当水面也达到记号的时候，称一下这些东西，那么比较下（东西的总质量差不多等于大象的质量）就能知道了。”曹操听了很高兴，马上照这个办法做了。

不是冬天，也可以有冰花

在冬天的时候，玻璃上的冰花是如此美丽，我们也可以自制冰花出来。

准备好了吗

1块玻璃，热水，脸盆，冰箱。

开始游戏

1. 在脸盆中倒入热水，将玻璃放在热水盆上，使玻璃上面布满水蒸气。

2. 立刻将带有水蒸气的玻璃放进冰箱内，过5分钟取出，你会发现玻璃上结了一层冰，花纹非常美丽。

游戏中的科学

冬天的时候，室内温度和室外温度差别很大，玻璃上的水蒸气受冷就会凝结成冰，这就是我们看到的冰花。当我们将玻璃置于热水盆之上的时候，盆中的水蒸气就会附在玻璃上，放进冰箱后就可以完成结冰花的过程。

你知道吗

当冰块结晶体在满天飞舞的雪花中形成冰凌时，那种呈现六角形的罕见雪花，就称为飞雪冰花。这种冰凌十分罕有，大约平均每10年才有一次！

冰花又名未央花，一种美丽的结晶体，它在飘落过程中成团攀联在一起，就形成雪片。单个雪花的大小通常在0.05～4.6毫米之间。雪花很轻，单个重量只有0.2～0.5克。无论雪花怎样轻小，怎样奇妙万千，它的结晶体都是有规律的六角形，所以古人有“草木之花多五出，独有雪花多六出”的说法。

同样的鸡蛋，在水里不同的位置

鸡蛋在三杯不同的液体里面悬浮的位置完全不一样。

准备好了吗

3个大口玻璃杯，3个鸡蛋，盐，清水。

开始游戏

1. 第1个杯子中注入清水；第2个杯子中加入食盐，然后注入水；第3个杯子先加入盐水，后加入清水。

2. 小心放入鸡蛋，只见第1个杯子的鸡蛋沉入水中，第2个鸡蛋悬浮于水面，第3个鸡蛋则悬浮于水中间。

游戏中的科学

这个游戏的奥秘在于密度。盐水的密度比较大，于是托起了鸡蛋；而一半盐水一半清水的情况则使鸡蛋浮在了盐水和清水的界面处。

你知道吗

说起盐水，就不得不提起生理盐水。生理盐水，是指生理学实验或临床上常用的渗透压与动物或人体血浆的渗透压相等的氯化钠溶液。

生理盐水有很大的作用，能够避免细胞破裂，它的渗透压和细胞外的一样，不会让细胞脱水或者过度吸水，所以各种医疗操作中需要用液体的地方很多都用它。

积水的流动

只要你用心观察生活，我们身边处处都有科学之光。

准备好了吗

桌面边是直角的桌子，桌面边是半圆的桌子，清水。

开始游戏

1. 把水先倒在桌面边是直角的桌子上，发现只有倒水时溢出的那部分水流下桌面。

2. 换成边缘是半圆的桌子，则全部积水都会流下。

游戏中的科学

流动的水还是遵守重力法则的，水流里的水分子之间有亲和力存在，当水流到有棱角的边缘时，水的亲和力就在棱角处中断。而在半圆形边缘则恰恰相反，水分子的亲和力没有受到影响，这个时候加上水流流速的影响，它比水分子对塑料桌面的附着力更为强大。这样所有的积水都会流光，桌面也会很快自然干燥了。

你知道吗

这两种类型的桌面供不同使用习惯的家庭挑选。如果不想污染地面，我们就选用有棱角的桌子；如果不想污染桌面，我们就选用半圆形边缘的桌子。

弯曲的火柴

难道水分子还有恢复功能？做了下面这个游戏你就知道了。

准备好了吗

1根火柴，1枚硬币，啤酒瓶。

开始游戏

1. 将1根火柴从中间折弯，但不要折断，将折弯后的火柴平放在瓶口上。

2. 放1分的硬币于火柴上，这个时候硬币是不会掉进酒瓶里的。把水滴在火柴的弯曲处，没过一会儿，发现硬币掉入瓶内。

游戏中的科学

木材弯曲处被滴水以后，管状细胞吸收水分，向火柴内部输送，这样通过水分子的吸力，火柴的两端就逐渐展开，于是露出了足够的空隙，使硬币落入瓶内。

你知道吗

火柴是根据物体摩擦生热的原理，利用强氧化剂和还原剂的化学活性制造出的一种能摩擦发火的取火工具。火柴是由谁发明呢？根据最早的记载，火柴是由我国在公元577年发明的，当时是南北朝时期，战事四起，北齐腹背受敌，物资短缺，尤其是缺少火种，烧饭都成问题，当时一班宫女神奇地发明了火柴，不过我国古代的火柴只不过是一种引火材料。

其后在马可波罗时期传入欧洲，后来欧洲人就在这个基础上发明了一度被中国人称为“洋火”的现代火柴。发明这种火柴的人是英国的沃克，他在1826年利用树胶和水制成了膏状的硫化锑和氯化钾，涂在火柴梗上并夹在砂纸上拉动便产生火。

神奇的气泡

杯子里的水汩汩地冒出欢快的泡泡。

准备好了吗

1个圆形纸板，玻璃杯，针。

开始游戏

1. 取一个圆形纸板，用针在圆心附近扎3个小孔。将玻璃杯注满水。

2. 把圆形纸板盖在水杯上，然后立刻翻转玻璃杯，用手顶住纸板，先用手指捂住上面的小孔。稍等10秒钟后，把手从小孔处移开，杯中开始冒出气泡。

游戏中的科学

纸板是由植物纤维构成的，从微观上看，纸板上有极细的管道组成，通过“毛细管现象”汲取水分，这样杯子中出现低压，于是外面的空气就通过小孔进入杯中，以取得气压的平衡，于是杯中就不断地冒出气泡。

你知道吗

内径很细的管子叫“毛细管”。通常指的是内径等于或小于1毫米的细管，因管径有的细如毛发故称毛细管。例如，水银温度计、钢笔尖部的狭缝、毛巾和吸墨纸纤维间的缝隙、土壤结构中的细隙，以及植物的根、茎、叶的脉络等，都可认为是毛细管。

永远都装不满的杯子

永远都装不满的杯子，是不是很新奇呢？

准备好了吗

1个透明的玻璃杯，一些硬币，一些食盐，清水。

开始游戏

1. 向透明的玻璃杯中注满清水，但是不要让水溢出杯子。

2. 慢慢往杯中放入硬币，直到水面上出现一个弓面。

3. 把食盐轻轻撒入水中，发现无论是放入硬币还是放入食盐，水都没有溢出杯子。

游戏中的科学

这是水的表面张力在起作用。水分子间相互吸引，使杯子中的水不会轻易溢出，加入的食盐也被水分子吸收了，所以也不会溢出。

你知道吗

食盐是人体维持正常的生理活动不可缺少的物质，它在自然界分布很广，在水中的溶解度随着温度的升高而略有增大。经盐水浸泡过的牙刷会比较耐用。

你知道什么是“打水漂”吗

选一块薄而平的石片，贴近水面抛出去就可以打出一片片美丽的水花。

准备好了吗

澡盆，水。

开始游戏

1. 给澡盆中装满水，展开手掌侧面击打水面，然后再正面击打水面，感觉有何区别。

2. 一次用力快速击水，一次慢慢击水，感觉两次有何不同。

游戏中的科学

用手掌侧面和正面击水的时候，你会感到这两次阻力不同，手掌伸开的时候，明显阻力增大，这是因为水的阻力和面积有关。迅速击水的时候，水的阻力比较大，说明阻力和速度有关。

你知道吗

打水漂的游戏说明，水的阻力和扔出去的石片密切相关，是水的阻力使石片在水面上快速跳动，石片扁一点使石片扩大了与水的接触面积，用力抛出石片，所以获得比较大的启动速度。

水的涟漪

去旅游的时候，看着波光粼粼的水面，你在感叹景色的美好时，有没有想过为什么呢？

准备好了吗

水，碗，铅笔。

开始游戏

1. 在碗里加满水，水面平静以后，使铅笔垂直于水面，用笔尖在碗中央轻轻碰几下。

2. 你会发现水面上出现了以刚才笔尖接触的位置为圆心的圆形波纹。离圆心越远，波纹的形状就越不明显。

游戏中的科学

当平静的水面遇到外界的力时，就会以波浪的形式移动，波浪是能量的传递方式，从中心位置传向别的位置。

你知道吗

水波很容易被认为是一种横波，实际上并非如此。在平衡的情况下，水的表面是水平的。水面发生扰动时，使水面恢复水平的回复力有两个，一个是重力，另一个是表面张力。水波中，对水面质点提供的回复力在波长很小时，表面张力的作用是主要的，这种波叫作表面张力波。对于波长很长的波，表面张力的作用可以忽略，波动主要是重力作用的结果，这种波叫作重力波。由于水的不可压缩性，波峰中的水必然是从附近的波谷中流出来的。因此，水波中的每个质点的运动都是由纵向运动和横向运动合成的。

不会漏水的纱布

常识告诉我们，纱布是不能防水的，也许下面这个游戏能让你大开眼界。

准备好了吗

玻璃瓶，纱布，细绳，水。

开始游戏

1. 给玻璃瓶中灌满水，然后用纱布蒙住瓶口，用细绳把纱布紧紧扎在瓶口。

2. 倒转瓶口，发现水不会流出来。

游戏中的科学

纱布之所以这个时候能防水，有两个原因，一是在大气压起作用，阻止水向下漏；二是在纱布上的水的表面张力，使水分子之间互相吸附，从而裹住了水。

你知道吗

纱布是用纱织得很稀疏的织品，它是人类卫生史上一个重要发明。消毒的卫生纱布包裹伤口，起到阻止伤口大量出血以及消毒杀菌的作用。

手伸进水里却不会湿

手伸进水里却不会湿，神奇吧！来做下面的游戏吧！

准备好了吗

1个较大的盛满水的容器，几枚硬币，少许滑石粉。

开始游戏

1. 将一只盛满水的容器放在平稳的桌面上，然后向水中投入几枚硬币。

2. 先将捞硬币的手扑上一层滑石粉。

3. 把硬币捞出来后，你会发现自己的手没有湿。

游戏中的科学

水可以润湿好多东西，但是，对于某些东西，水是不能将它们浸湿的，滑石粉就是其中一种。当手上涂满了一层滑石粉后，水便不能与手相接触了，就像戴了一只防水的手套一样，捞硬币的手当然不会变湿啦！

你知道吗

生活中很多地方需要滑石粉，最常见的就是奥运会的举重项目或者体操运动，运动员都是先用滑石粉擦手，然后再去进行比赛，这样能防止手掌被汗液沾湿，造成危险或者发挥失常。

不能吹泡泡的肥皂水

为什么忽然肥皂水就不能吹泡泡了呢？

准备好了吗

肥皂水1杯，吸管1根，醋。

开始游戏

1. 先用吸管吹肥皂水，发现可以很轻松地吹起肥皂泡。

2. 在肥皂水中滴入少许醋，用吸管搅拌均匀。

3. 再用吸管吹，发现无论如何用力吹，肥皂水就是不起泡。

游戏中的科学

肥皂水和水一样，具有表面张力，故具有球状泡沫，但是，在肥皂水中滴入醋，肥皂水中的高级脂肪酸便被分解，所以就吹不出泡泡来了。

你知道吗

早期的高级脂肪酸是从动植物油脂中提取，工业发展后，才开始利用合成法生产。

游起来的一条纸鱼

自己动手，做出能自己游动的鱼儿吧！

准备好了吗

1个盛满水的较大的容器，1支笔，1张厚纸，1根棉签，少许油，1把剪刀。

开始游戏

1. 用笔在纸上画一条鱼（绘图说明鱼形状、孔位置、通道等），然后用剪刀将它剪下来，并在鱼的身上扎1个小孔。

2. 将纸鱼小心地放到容器中的水面上（注意将画有鱼的一面朝上，而且不可以蘸上水）。

3. 用棉签蘸一些油，然后小心地将油滴到鱼身上的小孔里。你会发现，鱼开始不停地向前游去了。

游戏中的科学

油会在水面上不停地扩散，当油通过纸鱼身上的狭长通道，扩散到水里的时候，会产生一股反作用力，正是这个力推动纸鱼向前“游”去的。

你知道吗

我们还可以剪出其他的动物，一样可以让它动起来。

第七章　奔跑吧，温度

拿杯冰水去加热

冰和水放在一起，加热一段时间，它的温度会发生变化吗？

准备好了吗

酒精灯，平底烧杯，冰块，温度计，水。

开始游戏

1. 将冰块放在平底烧杯里，加入少量的水，插入温度计，发现是0℃。

2. 用酒精灯对平底烧杯进行加热，发现只要是烧杯里还有冰块，温度始终是0℃。

游戏中的科学

冰水混合物就是0℃，用来给锅加热的热能并没有消失，而是用来融化冰了，水的温度没有受到影响。如果冰化完以后，再继续加热，热能就使水温快速提高了。

你知道吗

对于冰水混合物

1.如果你把它放在很高的温度下（如40℃的房间），它当然要吸热。但因为有冰，所以热量先被冰吸收融化。而冰吸热融化的过程，温度不变，还是0℃。所以，只要里面有冰，温度就不会升高（还是0℃）。

2.如果你把它放在很低的温度下，如−40℃的房间，它当然要放热。但因为有水，所以水先放热。而水放热凝固的过程，温度不变，还是0℃。所以，只要里面有水，温度就不会降低（还是0℃）。

无法熄灭的蜡烛

把蜡烛吹灭以后，它瞬间又会燃烧起来，这是为什么呢？

准备好了吗

2支蜡烛，火柴。

开始游戏

1. 点燃两支蜡烛，左手那支蜡烛在上，右手的蜡烛在下，火焰对火焰，横向地握起来。

2. 两支蜡烛上下留下4～5厘米的距离，你会发现无论吹灭哪支蜡烛，另一支都会燃烧起来。

游戏中的科学

当两支蜡烛在如此近的距离燃烧时，每支蜡烛都会产生蜡油蒸汽，当一支蜡烛刚刚熄灭，它释放出的蜡油蒸汽会被另外一支蜡烛点燃，从而两支蜡烛都燃烧起来了。

你知道吗

中国有个成语叫“死灰复燃”。就是指貌似没有明火了，可是没一会儿又自动燃烧起来了。在日常生活中我们要特别注意，比如烟头，一定要彻底熄灭，很可能一个火星就引起火灾等事故。

烧不着的纸杯

干燥的纸杯一点就着，可是在下面这个游戏里面，纸杯却完全不会被烧坏。

准备好了吗

纸杯，蜡烛，火柴，水，竹签。

开始游戏

1. 点燃蜡烛，用竹签穿过纸杯的上半部分，做成一个把手。

2. 在纸杯里装满水，握住把手，将纸杯的底部置于蜡烛外焰，

你会发现，杯子里的水能被烧开，但是杯子却烧不着。

游戏中的科学

这个游戏涉及比热的概念，所谓比热就是单位质量的某种物质温度升高1℃所吸收的热量。水的比热很高，它会不断吸收蜡烛燃烧所发出的热量，纸的着火点在100℃以上，而水是不可能达到100℃的，所以只要杯子里有水，纸杯就不会燃烧。

你知道吗

水的比热容较大，在工农业生产和日常生活中有广泛应用。这个应用主要考虑两个方面：第一是一定质量的水吸收（或放出）很多的热而自身的温度却变化不多，有利于调节气候；第二是一定质量的水升高（或降低）一定温度吸热（或放热）很多，有利于用水做冷却剂或取暖。

越不过去的火焰

蜡烛的火苗越不过滤网的洞眼，这是为什么呢？

准备好了吗

蜡烛，火柴，金属滤网。

开始游戏

1. 固定好滤网，下面放上蜡烛。

2. 滤网上虽然有很多网眼，但是火焰只能待在滤网下面燃烧，而穿不过滤网。

游戏中的科学

金属滤网是良好的热导体，能够将火焰中大量热量很快传送到周围的空气里去。所以经过金属网以后，气体无法维持它燃烧所需达到的最低温度，也就无法燃烧。这个时候金属滤网就好比一个隔热器，把火焰全部限制在滤网下面了。

你知道吗

物体要能燃烧，得达到三个条件：

（1）有助燃剂。通常是氧气，但是氯气和其他的一些气体也可以当助燃剂，助燃剂的助燃效果与助燃剂的状态无直接关系。

（2）有可燃物，可以是液体，也可以是固体和气体。

（3）可燃物还要达到燃点，温度低于燃点的物体是无法燃烧的。但是用火时还是要小心，因为有的可燃物，尤其是气体，遇到一点明火就会燃烧然后产生连锁反应，瞬间引起大范围的燃烧，也就是爆炸。

轻松滑行的玻璃杯

下面游戏里的玻璃杯，非常轻松地就能让它滑动。

准备好了吗

玻璃杯，热水。

开始游戏

1. 把玻璃杯用热水浸泡一下，在杯子里留下少许热水。

2. 将杯子迅速反扣在光滑的桌面上，这个时候轻轻用一点力气推下杯子，杯子便在桌面上滑行起来，几乎没有什么摩擦。

游戏中的科学

当杯子迅速反扣在桌面上时，杯中留下的热量使杯子里的空气开始热膨胀，从而把反扣的杯子微微向上托起，杯子和桌子之间已经有一层薄薄的空气膜。所以只要有一个小小的外力，杯子就向前滑动了。

你知道吗

气垫在现实生活中有广泛运用。比如，气垫船的思路就是在船底下面产生一个气垫，使船体与水面不直接接触，好像悬在空中一样。这个气垫由发动机从船体上方或四周吸进空气，然后由船体下方喷出。由于船底四周用橡胶带围衬，像个弹性裙子一样，就形成了一个气垫。气垫船有一个充气的气垫，可使船体浮出水面航行，

由于水的阻力减少，因此航行速度很快。气垫船并非只是在水上浮动，而是受气垫支撑，可在水上、沼泽或陆地上移动。气垫船上带有巨大的风扇来形成气垫。这个气垫被一圈称为“围裙”的橡胶围封在船身周围。

看啊，碘酒开始褪色了

燃烧后的火柴放进碘酒瓶以后，碘酒就褪色了，这是如何办到的？

准备好了吗

碘酒，水，火柴，细线，有瓶塞的玻璃瓶。

开始游戏

1. 打开玻璃瓶瓶塞，倒入30毫升左右的水，在水中滴入两到三滴碘酒，发现水变成浅棕色。

2. 用细线绑住3根火柴，然后同时点燃，放进瓶内，细线放在瓶子外，用瓶塞塞住瓶口，压住细线。

3. 等火柴燃烧完毕以后，摇晃瓶子，结果浅棕色的溶液变成了无色。

游戏中的科学

火柴燃烧的时候产生的烟雾中含有一定的二氧化硫，它可以使碘变成无色碘离子，所以瓶中的碘酒溶液变成了无色的透明水溶液。

你知道吗

碘、二氧化硫以及水发生了一系列化学反应，从而生成了硫酸和碘化氢。这两种物质都是无色的。火柴头含有硫等化学物质，划燃后硫就会燃烧放出具有刺激性气味的二氧化硫。当二氧化硫溶于水中，会形成亚硫酸（酸雨的主要成分）。所以，其实连火柴的燃烧都对大气造成一定的污染。

不燃烧的纸条

在下面的游戏里，纸条怎么也烧不着，你想知道原因吗？

准备好了吗

金属杆，纸条，打火机，剪刀，透明胶。

开始游戏

1.用剪刀剪一条宽约1厘米的薄纸条，将它紧紧地缠绕在铁杆上面。把纸条末端用透明胶固定。

2.打火机从下方烧绕在铁杆上的纸条，发现就算把铁杆烧得烫手，也无法点燃纸条。

游戏中的科学

干燥的纸条达到130℃的时候就会着火，打火机的火焰温度远远大于这个温度。但是纸条点不着是因为包在里面的金属杆，金属有很好的导热性和吸热性，当火焰烧在纸条上的时候，纸把大部分热量传给了金属杆。你会感觉到金属杆发烫。

你知道吗

导热是和导热率有关的。导热率是材料的热物性参数之一，也是固体最重要的热物性参数。金属的导热率各不相同，导热率作为表征建筑节能与保温材料物性的重要参数，其参数值的准确测量有着非常重要的理论和使用价值。

变黄的报纸

搁置太久的报纸容易变黄，你知道是为什么吗？

准备好了吗

报纸，夹子。

开始游戏

1.将一张废报纸放到阳光能直射到的地方，用夹子固定好。

2. 过1周后，发现报纸已经被晒得变黄了。

游戏中的科学

报纸是用木浆做成的，经过层层工序后除去水分，留下的是柔韧的纤维素。报纸本身就带有黄色，在制造工艺中，一般是用二氧化硫漂白的，稳定性并不是很好。随着空气里的氧气与纤维素慢慢发生化学反应，二氧化硫不断挥发，纸就变成了黄色。

你知道吗

二氧化硫漂白效果是暂时的。它的化学反应是可逆的，是二氧化硫与有机色素结合，从而产生漂白效果，如果一加热，就会还原出原来的颜色。二氧化硫污染大气，是一种有害气体。

长相奇怪的冻豆腐

你吃火锅的时候，一定发现冻豆腐上有很多的孔，你知道这是为什么吗？

准备好了吗

新鲜豆腐，电冰箱。

开始游戏

1. 将新鲜豆腐放进冰箱冷冻。

2. 一天之后，新鲜豆腐就变成了蜂窝煤一样的冻豆腐。

游戏中的科学

豆腐并不是我们表面看起来这么光滑，它内部有无数的孔，这些小孔里面充满了水，水在结冰的时候体积会变大。当豆腐被放置于冰箱里以后，里面的水分结成冰，原来的小孔便被冰撑大了，整块豆腐就成了蜂窝状。等到冰融化成水从豆腐里流出来，就留下大量的孔洞。

你知道吗

冻豆腐是北方人的发明，就是把豆腐冷冻以后再食用。冷冻后的豆腐发生了物理变化，出现了很多小蜂窝。这样的豆腐吃上去口感很有层次。冻豆腐放在荤汤里煮非常好吃，因为冻豆腐里的蜂窝组织吸收了汤汁。冻豆腐适合做火锅或者油炸后熘冻豆腐。

水和冰

通过下面的游戏，你会发现，冰和水的体积是不一样的。

准备好了吗

塑料瓶，电冰箱，水，彩色笔。

开始游戏

1. 将塑料瓶中装水，到瓶颈处，画一个记号。

2. 将装满水的瓶子放到冰箱里冷冻，第二天，把瓶子取出来，你会发现瓶子里的水变成了冰，冰面所达到的位置已经在记号之上。

游戏中的科学

大多数物体都具有热胀冷缩的性质，可是水却是一个例外，水遇冷结冰以后体积会膨胀，所以冰比水占用更大的空间，因此冰面上升。

你知道吗

液态水中水分子排布不规则，凝固后，排布变规则了，由于氢键的作用，水分子间形成四面体结构，使水分子间的空隙变大，所以水变冰后体积增大。

想喝凉水？教你如何快速热水变凉

口渴的时候等热水变凉是一个很痛苦的过程，你知道怎么快速使热水变凉呢？

准备好了吗

开水，5个玻璃杯。

开始游戏

1. 将开水倒入第一个杯子，稍等10秒钟左右，再将第一个杯子里的水倒进第二个杯子。

2. 以此类推，直至倒进第五个杯子，发现水已经可以喝了。

游戏中的科学

玻璃杯的导热效果比较好。当开水倒进第一个杯子以后，热水与杯子之间开始热传递，杯子的温度升高，而开水的温度降低。依此类推下去，水的温度也就越来越低。

你知道吗

热从温度高的物体传到温度低的物体，或者从物体的高温部分传到低温部分，这种现象叫作热传递。热传递是自然界普遍存在的一种自然现象。只要物体之间或同一物体的不同部分之间存在温度差，就会有热传递现象发生，并且将一直继续到温度相同的时候为止。

发生热传递的唯一条件是存在温度差，与物体的状态以及物体间是否接触都无关。热传递的结果是温差消失，即发生热传递的物体间或物体的不同部分达到相同的温度。

在热传递过程中，物质并未发生迁移，只是高温物体放出热量，温度降低，内能减少（确切地说是物体里的分子做无规则运动的平均动能减小），低温物体吸收热量，温度升高，内能增加。因此，热传递的实质就是内能从高温物体向低温物体转移的过程，这是能量转移的一种方式。

冷水和热水中的扩散

物质是由分子构成的，分子在不断地运动着，让我们来看一下分子运动速度和什么因素有关。

准备好了吗

热水，冷水，墨水，2个透明玻璃杯，滴管。

开始游戏

1. 在2个杯子中分别倒入等量热水和冷水，分别向两个杯中各滴入一滴墨水。

2. 观察杯子中颜色变化，发现热水和墨水融合得更快一些。

游戏中的科学

分子在低温的时候运动得比较慢，在高温下运动得快。墨水在热水里很快就散开了，但是在冷水里面还需要一段时间才会分散开来。

你知道吗

分子的扩散和温度有关，温度越高，分子的运动也就越剧烈，扩散得也就越快。温度比较低的时候，分子运动也就相应平稳，扩散得也就慢一些。

自己做个好吃的冰激凌

小朋友都爱吃冰激凌，你想知道它是如何制作出来的吗？

准备好了吗

牛奶，奶油，糖，杯子，大碗，筷子，冰块，食盐，毛巾。

开始游戏

1. 将牛奶、奶油、糖分别放进一个杯子里，慢慢搅拌。

2. 把这个装满混合物的杯子放在一个大碗里，用毛巾裹住碗的外面。用冰块填满杯子与碗之间的空隙，在冰块里撒些盐。

3. 用筷子不停地搅拌杯子中的混合物，大约15分钟以后，我们就做出来冰激凌了。

游戏中的科学

用冰块冷冻流体的时候，就会形成冰晶，我们在冰激凌冷却的过程中不断搅拌，就会使冰晶变成小冰块。搅拌的时间越长，小冰块就会变得越小，冰激凌就会变得越细滑。这个时候，空气也进入其中，口感会更清凉。

你知道吗

1295年，在马可·波罗游历中国后写的《东方见闻录》中记载，他将在大都最爱吃的冻奶的配方带回威尼斯，并在意大利北部流传开来。东方的传统冰冻食品经马可·波罗传入西方，并得到进一步发展，实现了产业化，从而诞生了今天的冰激凌。

1851年，在美国马里兰州的巴尔的摩，一位牛奶商人实现了冰激凌的工业化。他在美国巴尔的摩建立工厂，最早开始大量生产冰激凌。借助于1899年的等质机、1902年的循环式冷藏机、1913年的连续式冷藏机等的发明，冰激凌的工业化在全世界得到迅速发展。另一方面，蛋卷冰激凌在1904年圣路易万物博览会上首次亮相。

不一样的温度变化

同样的道具，结果却不一样，这是为什么呢？

准备好了吗

冰块，水，2个玻璃杯，温度计，小木棍。

开始游戏

1. 在2个玻璃杯中倒入等量的温水。

2. 将2枚冰块分别放到杯子里，其中一个用小木棍把冰块压到杯底。

3. 几分钟之后，插入温度计测量一下水温，我们会发现冰浮在水面上的要比压入水底的水温低。

游戏中的科学

冰融化需要吸收热量，于是冰块附近的水温度就会相应降低。当冰块漂在水上的时候，对流旺盛，所以水温下降得快，而把冰块压在杯底，情况则相反，水温于是下降得慢。

你知道吗

我们来了解一下“对流”。它是流体（气体或液体）通过自身各部分的宏观流动实现热量传递的过程。流体的热导率很小，通过热传导传递的热量很少，对流是流体的主要传热方式。对流可分为自然对流和强迫对流。流体内的温度梯度会引起密度梯度变化，若低密度流体在下，高密度流体在上，则将在重力作用下自然对流。冬天室内取暖就是借助于室内空气的自然对流来传热的，大气及海洋中也存在自然对流。靠外来作用使流体循环流动，从而传热的是强迫对流。

颜色与热量

夏天的时候，穿不同颜色的衣服，温度差别很大！让我们来一探究竟吧！

准备好了吗

2件款式相同但一黑一白的衣服，水，晾衣架。

开始游戏

1. 把2件衣服浸泡在水中，完全浸湿。

2. 把2件衣服拧干以后，晒在阳光充裕的地方，经观察发现黑衣服比白衣服先干。

游戏中的科学

在其他条件一致的情况下，不同颜色的物体对太阳光的吸收能力是不同的。白色物体吸收能力最弱，而黑色最强。同样湿润的衣服，黑衣服吸收热量最足，于是先干。

你知道吗

黑色因为不反射任何色光所以呈黑色。白色因为反射所有色光所以呈白色。黑色吸收能力强，白色吸收能力弱。吸收能力强的颜色反射的色光少，所以颜色较深。吸收能力弱的颜色较浅。

烧不沸的水

下面游戏里面的水，你是怎么烧也烧不开的。

准备好了吗

大烧杯，小烧杯，锅，水，酒精灯。

开始游戏

1. 在大烧杯中放入适量的水，用酒精灯开始加热。

2. 给大烧杯中放入小烧杯，给小烧杯中倒入水。大烧杯中的水一会儿就沸腾了，可是小烧杯里的水一直没沸腾。

游戏中的科学

水沸腾必须满足两个条件：一是温度达到沸点，二是要有高于沸点的热源把热量持续传递给它。大烧杯里面的水沸腾以后，温度是没有100℃的，所以它无法提供给小烧杯足够的热量，小烧杯里的水是不会沸腾的，直到大烧杯里的水彻底蒸干为止。

你知道吗

我们日常生活中，冬天离不开暖气，利用锅炉烧出蒸汽或热水，通过管道输送到建筑物内的散热器（俗称暖气片）中，散出热量，使室温增高，管道中的蒸汽或热水就叫暖气。

弄裂一块石头，不需要大力士

弄裂一块石头并不需要很大的蛮力，不信你就看看咱们下面的实验。

准备好了吗

冰箱，石头，1大杯水。

开始游戏

1. 把1小块石头放进冰箱里冷冻半个小时。

2. 把石头取出来，放在室外，用开水浇在石头上，石头就在热水的浇泼下裂开了。

游戏中的科学

这个游戏的原因在于“热胀冷缩”，石头先在低温下冷冻又被高温的开水浇泼以后，岩石表层与岩石内部就产生了冷热差，表面和内部的膨胀和收缩性不一样而发生裂解。

你知道吗

都江堰建于公元前256年，是战国时期秦国蜀郡太守李冰及其子率众修建的一座大型水利工程，是全世界至今为止，年代最久、唯一留存、以无坝引水为特征的宏大水利工程。

那个时代没有炸药，李冰于是采用热火烘烤岩石，再用凉水浇泼的方式，使石头破裂，再用民工开凿，使工程进度大大增加。

嘘，我来告诉你汽水的秘密

汽水喝起来特别爽口，我们可以探寻一下究竟是为什么？

准备好了吗

汽水，火柴，杯子。

开始游戏

1. 打开汽水的瓶盖，把里面的汽水倒入玻璃杯中。

2. 快速划燃火柴，将点燃的火柴放在玻璃杯上方，火柴马上就熄灭了。

游戏中的科学

汽水中含有大量二氧化碳，倒入杯子后，释放出大量的二氧化碳，隔绝了氧气，于是火柴迅速熄灭了。

你知道吗

日常生活中我们喝的汽水大部分是碳酸饮料。二氧化碳是汽水公司加压充进去的，抑制水中细菌生长，也有调味作用。打开瓶子盖，压强减小，二氧化碳的溶解度也减小，多余的部分就变气泡冒出。如果是夏天喝的话，二氧化碳还可以带走部分热量，感觉很凉爽。但健康专家提醒，喝碳酸饮料要讲究个“度”，大量摄入碳酸饮料对身体不好。

铜丝熄灭烛火

不用嘴吹，用一根铜丝就可以让烛火熄灭了。

准备好了吗

粗铜丝，蜡烛，火柴。

开始游戏

1. 将铜丝缠绕成一个内径比蜡烛直径稍小的线圈。

2. 点燃蜡烛，用线圈从火焰上罩下去，正好将蜡烛的火焰罩在铜丝内，你会发现火焰熄灭了。

游戏中的科学

铜不但具有很好的导电性，而且还有良好的导热性能。当铜丝罩在燃烧着的蜡烛上面时，火焰大部分的热量被铜丝带走，造成蜡烛的温度急剧降低，当温度低于蜡烛的可燃点，蜡烛就会熄灭。

你知道吗

燃烧需要三要素：有可燃物，可燃物达到着火点（燃点），与助燃物（氧化剂）接触。

可燃物跟助燃物（氧化剂）发生的一种发光发热的剧烈的氧化反应叫作燃烧。通常讲的燃烧一般是要有氧气参加的，但一些特殊情况的燃烧可以在无氧条件下进行，如氢气在氯气中燃烧、镁条在二氧化碳中燃烧等。

切割不了的冰

用细线穿透坚硬的冰块后，冰块毫发无损，这是怎么办到的？

准备好了吗

冰块，长木板，结实的长细线。

开始游戏

1. 取出1个长方形冰块，将它放在长木板上。双手拿着细线横切冰块，像拉锯一样。

2. 只见细线随着绳子的切动向下移动，但是冰块却没有被切开，最后直到细线完全横切过冰块，冰块也没有被切断。

游戏中的科学

利用细线摩擦冰块，细线正下方的冰块就会融化，细线就会切入到冰块里面，当细线切入冰块以后，线上面的冰又重新冻结在一起，就这样，细线切过冰块，一直到冰块底部，冰块始终完好无损。

你知道吗

对于冰块来说，细线通过只需要很少的体积，当细线通过以后，给了冰块充分的再次结冰的时间。

肥皂，在燃烧

只要加入一些小道具，肥皂也能燃烧。

准备好了吗

肥皂，砂纸，乙醇，空罐头盒，大小两个烧杯，火柴。

开始游戏

1. 将空罐头盒顶盖去掉，洗净晾干，用砂纸把肥皂擦成粉末状。

2. 将肥皂粉末倒入小烧杯，倒入乙醇。大烧杯中放入60℃的热水，然后将小烧杯放进大烧杯中，不断搅拌小烧杯，使肥皂沫融化。

3. 将小烧杯移出，静置10～20分钟，使其凝固。从小烧杯中取一块固体混合物，放在空罐头盒里，一点就迅速燃烧起来，最后只留下极少的灰烬。

游戏中的科学

肥皂的主要成分是硬脂酸钠，加热溶于乙醇以后，形成凝胶状固体物，这种凝胶状固体物易于燃烧。

你知道吗

你知道“肥皂”这个词的来源吗？因为古人在黄河流域使用皂荚来洗衣服，后来到长江流域就没有皂荚树了，于是他们又发现了另一种树，果实跟皂荚的性能一样，可以洗衣服，但是，比皂荚更为肥厚丰腴，所以，给它取名叫肥皂子，也叫肥皂果。

后来人们发明了人造的去污剂的时候，依然使用了“肥皂”这个词。

糖水和盐水，谁会先结冰

糖水和盐水谁会先结冰呢？让我们做下面的小游戏吧。

准备好了吗

蔗糖，食盐，冰箱，勺子，杯子，彩笔，纸，胶水，水。

开始游戏

1. 取3个杯子，先倒入一部分清水，然后前2个杯子分别放入3勺蔗糖、食盐，做好标记，第三杯什么也不加。

2. 将3个杯子一起放进冰箱冷冻，每隔15分钟检查一次，你会发现装有清水的杯子最先成冰，其次是糖水，而盐水很难结冰。

游戏中的科学

一般来说，水溶液浓度越高，其凝固点就越低。虽然水中加入的蔗糖和食盐的体积相同，但是盐的分子数目要远远大于糖的分子数目，所以盐溶液的浓度更大，水最先结冰，糖其次，而盐水很难结冰。

你知道吗

液体结冰和它的凝固点有关，酒精凝固点就比较低，是-117.3℃，所以常常用于防冻和冷媒。

这块冰块真“粘人”

冰块上并没有胶水，为什么会粘住人的手呢？

准备好了吗

冰块，冰箱，温水。

开始游戏

1. 从冰箱里取出冰块，迅速用湿了的手指放在冰块上。

2. 手指被粘住了，必须浇点温水才能拿下来。

游戏中的科学

手指上有水，碰到温度较低的冰块，瞬间就结冰，从而把手指粘住了。

你知道吗

冰棍从冰箱刚拿出来，我们心急吃冰棍的时候也常常会出现舌头和冰棍粘在一起的情况。冰棍上粘的白霜是水蒸气凝结形成的小冰晶。

不用点火，就能燃烧的棉花

不用点火就能让棉花燃烧，让我们来进行下面的游戏吧。

准备好了吗

乙醚，棉花团，注射器，橡皮泥，镊子。

开始游戏

1. 取下注射器的针头，用橡皮泥塞住注射器的针头部分。

2. 取下注射器的活塞，用棉花蘸少许的乙醚，用镊子把棉花塞入注射器底部，再安上活塞。

3. 用手压住橡皮泥，快速向下推动注射器，观察发现棉花着火了。

游戏中的科学

乙醚的燃点很低，当快速推动注射器的时候，空气被压缩，注射器内的温度升高，当超过乙醚燃点的时候，棉花上的乙醚就会燃烧起来，从而引燃棉花。

你知道吗

乙醚曾被用作麻醉剂，它的镇痛作用强，又可以促使骨骼肌松弛，而且3～4倍于常用量时，对循环功能的抑制才达到危险的地步，故较安全。不过它也有不利的一面，比如易爆炸、化学性质不稳定等，所以使用的范围逐年减少，世界上各大医院早已不用。

自己做一场“云雾缭绕”

爬山的时候看见缥缈于山峰之上的云雾非常迷人，你想不想自己制作出云雾效果来呢？

准备好了吗

火柴，水，矿泉水瓶，小锥子，橡皮泥，吸管。

开始游戏

1. 用小锥子在瓶盖上钻一个洞，把吸管穿过瓶盖并用橡皮泥封好缝隙。给瓶子中倒入冰水，摇晃瓶子使瓶子冷却以后再将水倒出，点燃火柴，吹灭以后将带烟的火柴扔进倒立瓶子的瓶口，从而使烟进入瓶内。

2. 迅速拧上瓶盖，通过吸管向瓶中用力吹气8秒以后，瓶中就会出现云雾，捏住吸管，防止瓶内云雾散去。

游戏中的科学

当用冰水冷却瓶子的时候，瓶中会留有水蒸气；向瓶子里面吹气，从而让瓶子内的气压增大，松开吸管后，瓶内的气压下降，所以瓶子中的空气温度降低，瓶了中的水蒸气就会附着在烟尘颗粒之上，凝结成极小的水滴，在瓶子中形成云雾。

你知道吗

雾是冷热空气交锋的结果。较高的山峰一般可以暂时阻隔冷热空气的交流，而一旦冷空气越过山峰，则会和另一侧的热空气交流，形成小水滴悬浮在空中，最终成为雾。

浮到水面呼吸的鱼儿

夏季我们常常看见池塘里的鱼儿浮到水面上呼吸。这是为什么呢？

准备好了吗

雪碧，冷水，热水，2个大碗，2个玻璃杯。

开始游戏

1.分别在2个玻璃杯中倒入半杯雪碧。在2个碗中分别倒入小半碗冷水和热水。

2.将2个玻璃杯分别放入碗中，观察里面饮料的变化。很明显冷水碗里的饮料产生的气泡很少，热水碗里面的饮料产生大量气泡并迅速上升到液体的表面。

游戏中的科学

气体在水中的溶解度受温度的影响，温度越高，溶解度越小。雪碧是碳酸饮料，里面的气体是溶解在水中的二氧化碳，当放到热水碗里以后，温度上升，二氧化碳于是大量溢出。

你知道吗

夏天的时候，温度比较高，于是水里的氧气大量溢出，从而使得鱼儿缺氧，鱼儿求生的本能使它浮上水面，呼吸空气。我们在春天和秋天基本上是看不到鱼儿浮出水面的，原因也是如此，温度比较低的时候，水里的氧气足够鱼儿呼吸。

第八章　百变数字君

巧分奇偶数

下面这个游戏能让你大显身手。

准备好了吗

4个小朋友，纸和笔。

开始游戏

1.让4个小伙伴各拿出2张纸，分别写上一个奇数和偶数。将右手中的数乘以2，左手中的数乘以3，再将乘积相加，然后得数是奇数的站一起，得数是偶数的站一起。

2.问一个小伙伴他左手的数字是多少，你就可以迅速得出大家哪些最后乘积是偶数，哪些最后乘积是奇数。

游戏中的科学

假设一个小朋友左手拿的是偶数，那么偶数乘以3是偶数，右手的奇数乘以2还是偶数，于是偶数加偶数的结果还是偶数。

假设这个小朋友左手拿着的是奇数，那么奇数乘以3是奇数，右手的偶数乘以2还是偶数，奇数加偶数是奇数。

所以最后的结果和左手的奇偶性有关。于是你就可以很得意地告诉大家你的分辨结果了。

你知道吗

小朋友多多熟悉下奇偶性的算法，对于提高数学的兴趣大有裨益。

棋盘上的麦粒

下面这个游戏能让孩子明白什么叫作数字递增。

准备好了吗

象棋盘，生米粒。

开始游戏

1. 在象棋盘的第1个格子放1粒米，第2个格子放2粒，第3个格子放4粒，第4个格子放8粒，第5个格子放16粒。

2. 让孩子以这个数字规律向下继续放米粒，孩子会发现这是一个不可能完成的任务。

游戏中的科学

这个游戏的内容其实就是等比数列求和。棋盘上这么放大米，看似没多大工夫就能放置完毕，其实不然，最后算出来需要放置的大米是一个天文数字。

你知道吗

传说，印度的舍罕国王打算重赏国际象棋的发明人——大臣西萨·班·达依尔。这位聪明的大臣跪在国王面前说："陛下，请你在这张棋盘的第一个小格内，赏给我一粒麦子，在第二个小格内给两粒，在第三个小格内给四粒，照这样下去，每一小格内都比前一小格加一倍。陛下啊，把这样摆满棋盘上所有64格的麦粒，都赏给您的仆人吧？"国王说："你的要求不高，会如愿以偿的。"说着，他下令把一袋麦子拿到宝座前，计算麦粒的工作开始了……还没到第二十个小格，袋子已经空了，一袋又一袋的麦子被扛到国王面前来。但是，麦粒数一格接一格地增长，很快即使拿出全印度的粮食，国王也兑现不了他对象棋发明人许下的诺言。

巧测建筑物的高度

有时候手头没有足够的工具，那我们有办法测出建筑物的高度吗？

准备好了吗

1根木棍，卷尺。

开始游戏

1. 当有太阳的时候，在建筑物前立1根棍子。

2. 测量棍子的长度和棍子的影子长度，然后测量建筑物影子的长度。用建筑物影子的长度乘以棍子的长度再除以棍子的影子长度得出的数值就是建筑物的大概高度。

游戏中的科学

建筑物的高度可以看作是建筑物的尖顶到地面的垂直距离，我们可以把这个建筑物的高看作是一个巨大直角三角形的高，而把这个建筑物的影子看作是这个三角形的底边。我们将木棍和它的影子也想象成为一个直角三角形，这两个直角三角形是相似的。所以建筑物大三角形与木棍小三角形的高度之比和长度之比是完全一致的。

你知道吗

据说，埃及的大金字塔修成1000多年后，还没有人能够准确地测出它的高度。有不少人做过很多努力，但都没有成功。

一年春天，希腊七贤人之一泰勒斯来到埃及，人们想试探一下他的能力，就问他是否能解决这个难题。泰勒斯很有把握地说可以，但有一个条件——法老必须在场。第二天，法老如约而至，金字塔周围也聚集了不少围观的老百姓。泰勒斯来到金字塔前，阳光把他的影子投在地面上。每过一会儿，他就让别人测量他影子的长度，当测量值与他的身高完全吻合时，他立刻在大金字塔的地面投影处做一记号，然后再丈量金字塔底到投影尖顶的距离。这样，他就报出了金字塔确切的高度。在法老的请求下，他向大家讲解了如何从“影长等于身长”推到“塔影等于塔高”的原理，也就是今天所说的相似三角形定理。

心有灵犀

下面这个游戏一定会让你的朋友大吃一惊。

准备好了吗

1张挂历，1支笔。

开始游戏

1. 让朋友在挂历上画一个矩形，里面包含9个数字。让朋友把这9个数字相加，然后将这9个数字里的最小数字告诉你。

2. 暗自将最小的数字上加上8，然后把相加的结果乘以9，说出这个数字，等待朋友大吃一惊的表情吧！

游戏中的科学

在日历上挑选的9个数字，它们的组合方式是一种幻方。在幻方里，对角线上的数字，任何一列一行的数字相加的结果是相同的。

你知道吗

在一个由若干个排列整齐的数组成的正方形中，图中任意一横行、一纵行及对角线的几个数之和都相等，具有这种性质的图表，称为“幻方”。我国古代称为“河图”“洛书”，又叫“纵横图”。

奇妙的“三位数”

数学是一门让你惊奇万分的科学。

准备好了吗

1个计算器，1支笔，1张纸。

开始游戏

1. 用笔在纸上任意写三位数，然后在这三位数的后面续写这三位数，这样就成了六位数。

2. 用计算机将这个数字除以7，再除以11，接着除以13，你会惊讶地发现还是原来的三位数。

游戏中的科学

这个游戏的奥秘在于三位数重复组成的六位数，其实也就是将这三位数乘以1001得到的数字，而1001是7、11、13三个数的乘积。

你知道吗

这些基本的加减乘除都属于基础数学，基础数学的知识与运用是个人与团体生活中不可或缺的一部分。其基本概念的精炼早在古埃及、美索不达米亚及古印度内的古代数学文本内便可观见。从那时开始，其发展便持续不断地有小幅度的进展，直至16世纪的文艺复兴时期，因和新科学发现相作用而生成的数学革新导致了知识的加速，直至今日。

莫比乌斯带

用剪刀和一张白纸，我们就能做出一个惊人的小游戏。

准备好了吗

1张纸，1把剪刀，笔。

开始游戏

1. 用剪刀把白纸剪出一张6厘米宽的纸条，用直尺和笔画一个中心线。把纸条的一头翻个面，然后和另一头粘在一起，形成一个扭曲的纸圈。

2. 沿着中心线把纸圈剪开，发现纸圈还是一个，不过比原来的纸圈长了一倍。

游戏中的科学

这个扭曲的线圈叫作莫比乌斯带，它只有一个面，没有正反面之分，用铅笔在莫比乌斯带上用铅笔画线，铅笔画过整个纸圈以后，又回到了它原来的出发点。

你知道吗

数学上流传着这样一个故事：有人曾提出，先用一张长方形的纸条，首尾相粘，做成一个纸圈，然后只允许用一种颜色，在纸圈上的一面涂抹，最后把整个纸圈全部抹成一种颜色，不留下任何空白。这个纸圈应该怎样粘？如果是纸条的首尾相粘做成的纸圈有两个面，势必要涂完一个面再重新涂另一个面，不符合涂抹的要求，能不能做成只有一个面、一条封闭曲线做边界的纸圈儿呢？

后来，德国的数学家莫比乌斯对此产生了浓厚兴趣，他长时间专心思索、试验，也毫无结果。有一天，他被这个问题弄得头昏脑涨，便到野外去散步。

玉米地里一片片肥大的玉米叶子，在他眼里变成了“绿色的纸条儿”，他不由自主地蹲下去，只见叶子有许多扭成半圆形的，他随便撕下一片，顺着叶子自然扭的方向对接成一个圆圈儿，他惊喜地发现，这“绿色的圆圈儿”就是他梦寐以求的那种圆圈。

默比乌斯回到办公室，裁出纸条，把纸的一端扭转180°，再将一端的正面和另一端的背面粘在一起，这样就做成了只有一个面的纸圈儿。

对折7次以上的纸

你知道一个普通人能将一张纸对折几次吗？

准备好了吗

1张大的牛皮纸。

开始游戏

1. 取1张牛皮纸过来，然后对折，可以横折、竖折，也可以对角折。

2. 发现最多折到第六次，第七次再也无法对折了。

游戏中的科学

第一次的时候，纸被折成了2层；第2次的时候，纸折成了4层；当折到第六次的时候，纸成了64层，已经非常耗费力气了，折第七次的时候，纸成了128层，这已经相当于普通一本书的厚度，所以基本是不能完成的任务。

你知道吗

这是一个几何级数的问题，纸张在不断地对折中所承受的力也在不断增加，而且可供操作的纸张页面也越来越小。

三维空间

三维空间是立体的，很多二维空间无法解释的问题都可以迎刃而解。

准备好了吗

白色气球，黑色水彩笔，橡皮筋。

开始游戏

1. 首先给孩子提出问题“能画出三个直角的三角形吗”，孩子肯定觉得不可能。

2. 向气球吹气，用橡皮筋扎好气球口。用黑色水笔在气球上画一个直角，然后延长这个直角的一条边，使其绕过1/3个气球，接着，在延长一边的终点位置画出第二个直角，并延长它的另一条边至同样的长度，然后，从第二个直角一边的延长线的终点开始画第三个直角，延长这条边，并延长至第一条直角延长边的起点处。这样，你发现可以画出来一个三个角都是直角的三角形。

游戏中的科学

在平面内画一个内角是直角的三角形是不可能的，但是三维空间的数学规则和平面的存在区别，因此我们在气球上可以画出三个角全是直角的三角形。

你知道吗

“维”是一种度量，长、宽、高便构成“三维空间”。三维即前后—上下—左右。三维的东西能够容纳二维。在三维空间坐标上，加上时间，时空互相联系，就构成四维时空。现在科学家的理论认为整个宇宙是十一维的，只是人类的理解只能理解到三维。

扩大的洞

所谓的大和小也许并不一定，看了下面的游戏你就明白了。

准备好了吗

1张A4白纸，1枚5角钱硬币，1枚1元硬币。

开始游戏

1. 在纸上按照5角硬币的大小剪下一个小洞，试着让1元硬币通过，发现这无法办到。

2. 将纸片对折，使得圆洞变成两个半圆，然后小心地将1元硬币放在对折的纸片中间，轻轻拉动纸，发现硬币从圆洞中掉了出来。

游戏中的科学

游戏过程中洞口并没有被扯破，硬币怎么可以一下通过呢？原因在于，纸上剪出的这个洞口在平面上时，属于二维空间，当我们将纸片对折的时候，圆洞在三维空间里就成了一个椭圆了，此时椭圆的长径会大于原来圆形的直径，因此1元的硬币可以轻松通过。

你知道吗

蚂蚁是典型的适应二维空间的生命。它们的认知能力只对前后（长）、左右（宽）所确立的面性空间有感应，不知有上下（高）。尽管它们的身体具有一定的高度，那也只是对三维空间的横截面式的关联。蚂蚁上树也并不知有高，因为循着身体留下的气味而去，它们在树上只会感知到前后和左右。

我们都做过这样的游戏：一群蚂蚁搬运一块食物向巢里爬去。我们用针把食物挑起，放在它们头上很近的地方，所有蚂蚁只会前后左右在一个面上寻找，绝对不会向上搜索。对于蚂蚁来说，眼前的食物突然消失实在是个谜。当它们依据自己的认知能力在被长、宽确立的面上遍寻不着时，这块食物对它们来说就是神秘失踪了，

因为这块食物已由二维空间进入到三维空间里。只有我们把这块食物再放在它们能感知到的面上，蚂蚁才可能重新发现它。这对于蚂蚁来说，却又是神秘出现了。

翻动碗的诀窍

如何使3只碗同时朝上呢？

准备好了吗

3个空碗，桌子。

开始游戏

1. 将3个空碗排成一排，两边的2个碗口朝下，中间的1个碗口朝上。父亲要求孩子用双手把碗分别翻动3次，每次翻动2个碗，你能使三个碗的口都朝上吗？

2. 从左到右将这3个碗命名为A、B、C，我们分3步就可以完成碗的翻转。

游戏中的科学

第一步：翻动A和B；第二步：翻动A和C；第三步：翻动A和B。这样A、B、C三个碗的口就都朝上了。

你知道吗

如果我们改变一下初始条件，把两边的2个碗口朝上，当中的碗口朝下，我们再想用双手翻动3次，让3个碗口都朝上，是不可能的。因为这次的初始条件和上面游戏中的完全相反，我们只能让3个碗口都朝下，而不能朝上。

神奇的小魔术

下面这个游戏会让你有魔术的感觉，好好研究吧！

准备好了吗

1条布条，2枚曲别针。

开始游戏

1. 取1条光滑平整的布条，摆成S形，用曲别针短的那头别住S形一头的2层布料。同样再用另外一枚曲别针别住另一边的布料。

2. 双手分别抓住布料的两端，迅速把布料拉直，两枚曲别针就会飞在空中自动勾在一起。

游戏中的科学

原来布料上的两枚曲别针并没有挨着，当拉直布料的时候，它们就会被勾在一起了，这个现象就叫作曲线转移，原来布料上的弧形，转移到曲别针上面去了。

你知道吗

曲线转移简单地说就是通过空间变换和扭曲，使不同曲面的两条曲线发生位移。你可以慢慢拉伸步骤，研究其中的奥秘，不过这个时候曲别针可能会勾在一起也可能不会勾在一起。

盒子中的小球

下面这个游戏能扩展你的思维。

准备好了吗

乒乓球，篮球，2个塑料方形盒。

开始游戏

1. 找一个正方形的塑料方盒，放入正好装入盒子的一个篮球。

2. 将同样大小的塑料方盒放入乒乓球，一层一层叠起来。问小朋友，哪个盒子里面放的球体体积大一些。

游戏中的科学

一个球体的体积，不论本身大小，都只能占据相应方盒空间的52%，而放入乒乓球的盒子实际上是把方盒切割成了等量的小盒子，所以盒子里面球体的体积是一样的。

你知道吗

生活中的很多现象，不能仅仅靠我们的想象就得出结论，有时

候需要严谨的推理和计算才能得出正确的结果。

找圆心

想确定一个圆的圆心，手里又没有圆规，你应该怎么做呢？

准备好了吗

圆盘子，A4白纸，铅笔。

开始游戏

1.将圆盘平放在桌面上，用铅笔围绕它画一个圆。将白纸的直角触到圆的边缘，在纸边和圆交叉的地方，做上标志A和B。

2.用同样的方法再标出一条由C到D的直线，然后连接AB、CD，两条线的交点就是圆心M。

游戏中的科学

这个游戏的原理在于半圆中的角永远是直角。我们利用白纸的四个角是直角的特点，与圆的边缘相交，得到的AB、CD两条线都是直径，于是确定了圆点。

你知道吗

圆的周长与直径的比值叫作圆周率。

圆的周长除以直径的商是一个固定的数，把它叫作圆周率，它是一个无限不循环小数，用字母π表示。计算时，通常取它的近似值，$\pi \approx 3.14$。

自行车的轨迹

通过自行车的轨迹，我们可以计算出轮胎的直径。

准备好了吗

自行车，水洼。

开始游戏

1.骑着自行车穿过一个雨水洼，然后骑上一段距离。

2. 量出两段断续出现的水印之间的距离，我们就可以计算出轮胎的直径。

游戏中的科学

车轮的圆周永远是直径的3.14倍，前后出现两段水印的距离刚好是一个圆周，这个距离除以3.14就是车轮的直径。

你知道吗

世界上第一批真正实用型的自行车出现于19世纪初。1817年，德国人德莱斯在法国巴黎发明了带车把的木制两轮自行车。自行车问世后迅速成为当时欧洲人青睐的交通工具。19世纪，一些欧洲人也构思出了一些理想的自行车图。

缆车运动的距离

想必大家去旅游观光的时候，一定见过缆车，你知道什么时候缆车运行了一半的距离吗？

准备好了吗

旅游景点。

开始游戏

1. 从山顶的缆车车站，父亲带着孩子沿着山路向上下走去。

2. 当看到头顶上的两辆缆车相遇的时候，我们可以得出自己正处在半山腰的结论。

游戏中的科学

缆车的两个车厢是悬在同一根缆绳上的，山顶的电机驱动牵引绳拉上或者拉下车厢。下山的车厢和上山的车厢保持了相对平衡。上下两个车厢同时发车，它们相遇的时候就刚好是一半的距离。

你知道吗

缆车是指利用钢绳牵引，实现人员或货物输送目的之设备的统称或一般称谓。根据我国本领域专业命名规则，将车辆和钢绳架空

运行的缆车设备定义为架空索道；而车辆和钢绳在地面沿轨道行走的缆车设备定义为地面缆车。

最后一张扑克牌

2个朋友一起玩游戏，谁拿最后一张牌谁就赢，你知道怎么拿吗？

准备好了吗

20张扑克牌。

开始游戏

1. 2个人轮流取出扑克，每次取出的数量不能超过3张，谁拿到最后1张扑克，谁就赢了。

2. 让你的对手先拿，然后你再取扑克，只要你取的和你对手取的扑克总数是4就可以赢了。

游戏中的科学

其实这个游戏的奥秘很简单，你只要和你对手取的牌总数是4，那么第5次轮到对手拿的时候，只剩下4张牌了。因为每次最多只能拿走3张，所以剩下的那张牌就是你的了，这样你就赢了！

你知道吗

数学是基础课程，能锻炼我们的逻辑思维。数学知识在我们平时的休闲游戏中也能得到运用，你是不是大吃一惊呢？

最坚固的形状

我们都知道三角形架构是最坚固的，那么什么立体结构是最坚固的呢？

准备好了吗

3张硬纸板，3本相同的书，胶带，剪刀，胶水。

开始游戏

1. 分别将3张硬纸板制作成为三棱柱、长方体、圆柱形。

2. 在各种形状的纸板上分别放上书，发现只有圆柱形最稳定。

游戏中的科学

圆柱形的硬纸板和其他形状的纸板比，它受力是最均匀的，也是最坚固的。所以它支撑书本的时间最长。

你知道吗

很多建筑利用了这个原理，比如随处可见的圆柱形桥梁柱以及大厅圆柱，不仅美观，而且十分安全可靠。

容积最大的形状

日常我们使用的杯子和瓶子基本都是圆柱形的，你有没有想过到底是为什么呢？

准备好了吗

3张硬纸，胶水，米，3个玻璃杯。

开始游戏

1. 取3张硬纸，分别用胶水粘成圆柱形、三角锥形、长方形。

2. 分别给这3个形状的纸片里倒满米粒，然后分别倒入3个玻璃杯中。

3. 比较玻璃杯中米的高度，发现圆柱形的容器装的米最多。

游戏中的科学

根据几何原理，在外周长一样的情况下，圆的面积比其他几何形状的面积要大，所以圆柱形在表面积一样的情况下，容积是最大的，因此圆柱形可以装更多的米。

你知道吗

圆柱形容积是最大的，所以我们在日常生活中随处可见圆柱形的物品：喝水的杯子，饮料瓶，水壶。

分割圆

如何把1张圆饼只用3刀就切割成7份？先思索一下，再做这个游戏吧。

准备好了吗

圆形纸板，直尺，铅笔，剪刀。

开始游戏

1. 先在圆形上任意画2条直线，这样这个圆形就分成了4份。

2. 再画一条直线，与前2条直线相交，但是不要通过前2条直线的交点，这样就分成7份了。

游戏中的科学

我们利用数学归纳法来解释这个问题，以第3条直线来说，第3条切割线与前2条相交，这第3条直线就被分为3条线段，每个线段都能使纸板增加一块，3条线段也就使纸增加3块，从而切出来7份。

你知道吗

所谓数学归纳法是数学上证明与自然数N有关的命题的一种特殊方法，它主要用来研究与正整数有关的数学问题。

第九章　植物秀

醋水中的种子

把种子放到醋水中，它会生根发芽吗？

准备好了吗

6粒大豆，2个玻璃杯，2块玻璃，一些食醋，一些清水。

开始游戏

1.将两个玻璃杯分别装上食醋和水。

2.分别往两个玻璃杯中放入3粒黄豆。

3.把两个玻璃杯都静置在阳光充足的地方。

4.几天后，再观察两个玻璃杯中的大豆。你会发现，水中的豆子已经发出了嫩芽，而醋水中的豆子却没有一点变化。

游戏中的科学

食醋是酸性物质，酸性物质对植物的种子萌芽具有抑制作用，所以放在食醋中的种子不会发芽。

你知道吗

大豆营养价值很高，被称为“豆中之王”“田中之肉”“绿色的牛乳”等，是数百种天然食物中最受营养学家推崇食用的。

不会变红的西红柿

如果要使西红柿从始至终都是青绿色，这样可能吗？

准备好了吗

1棵刚长出果实的西红柿树，1个碗，1个装满开水的开水瓶。

开始游戏

1. 在西红柿树上挑1个绿色的西红柿，不要采摘下来。

2. 从开水瓶中倒1碗开水。

3. 将挑中的西红柿在开水中浸泡三四分钟。

4. 等到果实成熟时，你会发现，这棵西红柿树上所有果实都已经成熟了，唯有那个被开水浸泡过的西红柿仍然是青色的。

游戏中的科学

西红柿的果实之所以会从刚开始的青色变成成熟后的红色，是因为里面含有一种叫酵素的物质，它能产生乙烯，从而把西红柿催红。开水浸泡过的西红柿，里面的酵素就被破坏了，没有了这个催发成熟的酵素，西红柿就不会变红，而是一直保持青色。

你知道吗

据史料记载，西红柿原先是生长在南美洲秘鲁国家森林里的一种野生浆果，当地人把它当作有毒的果子，称之为“狼桃”，只用来观赏，无人敢食。16世纪时期，英国有个名叫俄罗达拉里的公爵去南美洲游历，第一次见到西红柿，就被它艳丽的色彩深深吸引，于是把它带回了英国，作为稀世珍品献给他的情人伊丽莎白女王，以示对爱情的忠贞。此后，西红柿便有了“爱情果”的美名。但当时仍没有人敢吃西红柿，直到17世纪，有一位法国画家尝试吃了一个后才证实了它的无毒性。

迸火花的橘子皮

橘子皮也会迸出火花，你会相信吗？

准备好了吗

1个橘子，1支蜡烛，1个打火机。

开始游戏

1. 将橘子剥开，拿掉里面的果肉，只剩下橘子皮。

2. 在黑暗的地方，用打火机点亮蜡烛。

3. 用手指将橘子皮捏住，然后靠近蜡烛的火焰处，用力挤压橘子皮，你会看到有漂亮的火花闪现，并伴随爆裂的声响。

游戏中的科学

橘子皮中含有丰富的植物油，这种油具有很强的挥发性。当橘子皮靠近蜡烛燃烧的火焰时，用手指挤压橘子皮所挥发出来的油就会遇火燃烧，迸发出漂亮的火花，并伴随着爆裂的声响。

你知道吗

有一种非常简单的方法可以让酸橘子变成甜橘子。将橘子放在自行车的篮子里，骑车在附近转一圈。回来后，你再尝尝篮子里的橘子，就会明显感觉变甜了。这是为什么呢？其实，甜味的变化与橘子当中含的酸度的不同有关系。橘子里既含有产生甜味的糖，也有产生酸味的酸，酸是很容易受到冲击的，并且它在受到冲击后就会减少。也就是说，因为酸减少了，所以就会感觉到甜。

蓝色树叶

你会经常看到绿色的，甚至是红色的树叶，但你可曾见过蓝色的树叶？

准备好了吗

2片新鲜的菜叶，2个烧杯，1个酒精灯，100毫升酒精，1瓶碘酒，1根吸管，1把镊子，1张锡箔纸，1个打火机，一些清水。

开始游戏

1. 找1片新鲜完好的菜叶，用锡箔纸将它包好。

2. 3天之后摘下这片菜叶，然后拿掉锡箔纸，在叶子上做个记号。

3. 摘下另一片新鲜完好的菜叶，也在叶子上做上记号。

4. 把酒精全部倒入一个烧杯中，并用酒精灯隔水加热，直至煮沸。

5. 把两片菜叶放到煮沸的酒精中，将叶子煮至失去颜色后停止加热，并冷却酒精。

6. 在另一个烧杯中装入一些水，并用吸管吸取碘酒在水中滴上几滴。

7. 用镊子从冷却的酒精中取出叶子，放进滴有碘酒的水中。

8. 过一段时间后，取出叶子，用清水洗去叶子上面的残留液体。你会看到，被锡箔纸包裹过的叶子没有多大变化，而没被包裹着的叶子却变成了蓝色。

游戏中的科学

没被包裹的叶子由于进行光合作用产生了淀粉，淀粉遇到碘酒就变成了蓝色。而包有锡箔纸的叶子由于见不到阳光，不能进行光合作用，产生不了淀粉，所以叶子就不会变颜色。游戏中，把叶子放在酒精中煮，其目的就是要把叶子中的叶绿素解析出来。

你知道吗

1864年，德国的萨克斯做了一个实验：把绿色植物叶片放在暗处几个小时，目的是让叶片中的营养物质消耗掉，然后把这个叶片一半曝光，一半遮光。一段时间后，用碘蒸汽处理发现遮光的部分没有发生颜色的变化，曝光的那一半叶片则呈深蓝色。这一实验证明了植物的光合作用产生淀粉。

当黄豆芽变成绿豆芽

黄豆芽居然会变成绿豆芽，这是怎么一回事呢？

准备好了吗

2个碟子，1块布，几十粒黄豆。

开始游戏

1. 把黄豆放在一个碟子里，用湿布盖好，然后放到黑暗温暖的地方，并经常浇水，使黄豆得到充足的水分。过几天后，黄豆芽发芽了，两片叶子都是金黄色的。

2. 取一半豆芽放在另一个碟子里，不用布遮盖，放在阳光充足的地方，剩下的一半仍同以前一样，用布遮好不见光。两天后，阳光照射下的一碟豆芽变绿了，另一碟豆芽仍然呈金黄色。

游戏中的科学

植物体内含有叶绿素、叶黄素、花青素等色素，什么色素占优势，植物就会呈现什么样的颜色。见不到光的豆芽体内叶黄素占优势，因此呈金黄色。而放在阳光下的豆芽，在阳光照射下产生了大量的叶绿素，因此变绿了。

你知道吗

叶绿素共有4种：a、b、c、d。凡是进行光合作用时释放氧气的植物均含有叶绿素a；叶绿素b存在于高等植物、绿藻和眼虫藻中；叶绿素c存在于硅藻、鞭毛藻和褐藻中；叶绿素d存在于红藻中。

会变色的花儿

每一朵花都有属于自己的颜色，你见过一朵花会开不同的颜色吗？

准备好了吗

粉红色康乃馨若干朵，红色喇叭花1朵，醋水，盐水，糖水，清水，肥皂水。

开始游戏

1. 把4朵粉红色的康乃馨分别插在醋水、盐水、糖水和清水中。过一会儿，你会发现，插在醋水中的花明显变红了。大约两个小时后，插在醋水中的花朵变成了深红色，而其余3种水中的花朵的颜色基本上没有变化。

2. 配制几种不同浓度的醋水，分别插入1朵粉红色的康乃馨，结果醋水的浓度越高，花的颜色也越深，插在最浓的醋水中的康乃馨已经变成了一朵大红花。

3. 再将1朵红色的喇叭花插在肥皂水中，不一会儿，喇叭花的颜色变成了蓝色。把这朵蓝色的喇叭花再放到一杯醋水中，不多会儿，它竟然奇迹般地变回红色。

游戏中的科学

在花的花瓣中，有一种叫“花青素”的色素，它遇到酸性物质时会变成红色，这就是花儿遇到醋水为什么会变成红色。花青素遇到碱性物质时会变成蓝色，所以喇叭花在碱性的肥皂水中会变成蓝色。

你知道吗

植物生产花青素可用来对抗紫外线的伤害，这是植物要在它表皮组织合成花青素的主要原因。例如，某些水草的叶色，在含有紫外线的照明灯照射下，可以由绿转红，主要原因是花青素大量合成，以及叶绿素的部分分解。

绽放的纸睡莲

你也许见过美丽绽放的睡莲，但你可曾目睹过它是如何绽放的？我们不妨来做一朵纸睡莲，看看它是如何慢慢绽放的。

准备好了吗

1张平滑的纸，1支红颜色的彩笔，1把剪刀，1盆清水。

开始游戏

1. 用剪刀将纸剪成一朵睡莲状。

2. 用彩笔在剪好的图案上涂上颜色。

3. 把纸睡莲的花瓣向里折叠。

4. 把纸睡莲放到水中，仔细观察它的状态变化。你会看到，它红色的花瓣在慢慢地向外绽放，直至完全盛开。

游戏中的科学

纸的主要材料是植物纤维，它们是一些极细的管道。当纸沾水后，通过分子间的相吸，水会渗入这些管道中。随之，纸就会开始膨胀，这朵纸睡莲花瓣就会竖起来，慢慢绽放。

你知道吗

睡莲根能吸收水中的汞、铅、苯酚等有毒物质，还能过滤水中的微生物，是难得的水体净化的植物材料，所以在城市水体净化、绿化、美化建设中备受重视。

染布，染布，我是小染匠

只要动动手，我们也能轻轻松松地当一回小染匠！

准备好了吗

几个洋葱头，2块白色的小棉布，1个不锈钢锅，一些明矾，1个盆子，1张滤纸，一些清水。

开始游戏

1. 在锅中装入大半锅水，放在燃气灶上。

2. 把洋葱头的外皮剥下放入锅中。

3. 点火将水煮沸，当锅里的水变成很浓的红茶色后，停止加热。

4. 把洋葱头从水中捞出来。

5. 将煮好的水用滤纸滤几遍，以除去杂质。

6. 将小棉布洗干净后，放到茶色水中煮上15分钟，但不能让水沸腾。仔细观察小棉布，你会发现它们在慢慢变色。

7. 将刚染好的一块小棉布用清水进行清洗，你会发现，刚染上的颜色又褪去了。

8. 在盆子里装入一些水，在水中放一些明矾，做成明矾溶液。

9. 将另一块刚染色的小棉布放到盆中，过几分钟后再用水清洗，你会发现小棉布不褪色了。

游戏中的科学

植物中含有色素，这些色素渗透到布的纤维中就可以染色了。

染色后的布接触到明矾溶液，里面的纤维和色素就会牢牢地粘在一起，从而不容易褪色。

你知道吗

在希腊文中，“洋葱”一词是从“甲胄”衍生出来的。古代希腊和罗马的军队，认为洋葱能激发将士们的勇气和力量，便在伙食里加进大量洋葱。人们曾在埃及陵墓中找到过与死者同时埋进去的洋葱，可见洋葱很早以前就成了人们的食物。

流口水的苹果

苹果也会流口水，你知道这是为什么吗？

准备好了吗

1个新鲜的苹果，1把水果刀，一些白砂糖。

开始游戏

1. 用水果刀把苹果顶端的果皮削去，然后挖一个倒圆锥形的洞窝，使洞窝的尖端开口恰好位于苹果的另一端。

2. 按洞窝大口朝上小口向下的方向将苹果悬放起来。

3. 仔细观察苹果底部开口处几分钟，你看不到有水分流出。

4. 在洞窝里均匀地洒一些白砂糖，不一会儿，你就会发现，洞窝里出现了水分，这些水慢慢聚集，大约20分钟，在底部开口处就有水珠自然滴落下来。此后，水分还会不断渗出，并形成新的水珠滴下。

游戏中的科学

苹果的洞窝里有少许水分，当洒上糖时，糖会溶化，形成一层高浓度的溶液。由于苹果细胞液的浓度较低，水分就会从低浓度的细胞液里渗透到外面的糖液中，慢慢地汇聚成水珠。

你知道吗

体会了游戏中告诉我们的道理，我们在给草木施肥时，就千万

不要用太浓的肥料水，否则植物体内的水就会倒流到土壤中，使植物打蔫或者枯死。

哪个西瓜熟了

不试吃、不切开，你能判断出西瓜的生熟吗？

准备好了吗

2个新鲜的西瓜，2个一样大小的大盆，一些水。

开始游戏

1. 将两个盆都装满水。

2. 把两个西瓜分别放在两个盆中。

3. 仔细观察两个在水中的西瓜，看哪一个浮得高些，哪一个浮得低些。待品尝后，你会发现，浮得高些的会熟些，浮得低一些的则会生一些。

游戏中的科学

西瓜熟的程度不一样，其密度也会不一样。西瓜生长到一定程度时，它的重量就不会再增加了，但它会继续涨大，密度也就会变得越来越小。所以，成熟度高的西瓜会比成熟度低的西瓜在水中浮得高一些。

你知道吗

选瓜技巧：

一看。花皮瓜类，要纹路清楚，深淡分明；黑皮瓜类，要皮色乌黑，带有光泽。无论何种瓜，都要瓜蒂、瓜脐部位向里凹入，藤柄向下贴近瓜皮，近蒂部粗壮青绿。

二摸。用拇指摸瓜皮，感觉瓜皮滑而硬则为好瓜，瓜皮粘或发软则为次瓜。

三掂。成熟度越高的西瓜，其分量就越轻。一般同样大小的西瓜，以轻者为好，过重者则是生瓜。

四听。将西瓜托在手中，用手指轻轻弹拍，发出“咚、咚”的清脆声，托瓜的手感觉有些颤动，是熟瓜；发出“突、突”声的是成熟度比较高的瓜；发出“噗、噗”声的是过熟的瓜；发出“嗒、嗒”声的是生瓜。

变蓝的萝卜

红萝卜变成了蓝萝卜，真是有些不可思议！

准备好了吗

1个红萝卜，1个盆，1块粗布，一些小苏打，一些清水。

开始游戏

1. 在盆里装入半盆水。
2. 在水中放一些小苏打，形成苏打水溶液。
3. 用粗布把红萝卜的表皮搓去。
4. 把萝卜放进苏打水溶液中。
5. 3分钟后把萝卜从水中拿出来，你会惊奇地发现，萝卜变成了蓝色的。

游戏中的科学

植物色素遇到碱后会变成蓝色。而小苏打的水溶液是碳酸氢钠，呈碱性，同时萝卜皮里含有植物色素，所以当萝卜遇到苏打溶液时就会变成蓝色的了。

你知道吗

萝卜原产于临近地中海的西亚、东南欧诸国。因此，它的名字很多，如莱菔、芦菔、芦葩等，它们都是外来语的音译。从西方传入中国的第一批萝卜就叫“莱菔”，也有人称其为“土人参”。

不同命运的黄瓜

黄瓜储藏久了就会腐烂，有什么办法能让它不腐烂呢？

准备好了吗

2根新鲜的黄瓜，1把水果刀，2个盘子，1个小勺子，一些食盐。

开始游戏

1.用水果刀将其中一根黄瓜距瓜柄1/3处切下。

2.用勺子把切下的黄瓜中间的瓤挖空。

3.在黄瓜挖空处均匀地撒上一些食盐。

4.把这根黄瓜放在一个盘子里，另一根黄瓜放在另一个盘子里，两个盘子放在一处。

5.三四天后，再来观察这两根黄瓜，你会发现，没挖空撒食盐的黄瓜已经腐烂了，而另一根黄瓜流出了许多盐水，变得有些干瘪，但没有坏掉。

游戏中的科学

被挖空撒上食盐的黄瓜之所以变得干瘪但又没坏掉，是因为黄瓜细胞中的水分子能穿过细胞壁，进入被黄瓜表面的水分溶解的浓盐水中，使盐水浓度降低，而黄瓜由于大量失水而变得干瘪。同时，食盐水又会抑制微生物的生长，所以这根黄瓜不易腐烂。但没有撒食盐的黄瓜由于本身水分充足，导致了微生物的滋长，所以就容易腐烂。

你知道吗

腌制食品离不开食盐，食盐能够将食品中的水分除去，以防止食品中微生物的生长，使食品不易腐败。这就是用食盐腌过的食品能够存放很久都不会坏掉的原因所在。

长留枝间的柳叶

秋天的时候，发黄的树叶会纷纷飘落，那么我们有什么办法能让树叶不掉落呢？

准备好了吗

1个塑料瓶，1束带有树叶的柳条。

开始游戏

夏季时，将柳枝插入没有水的塑料瓶中，把瓶子放在比较安静的地方，不要用手或其他物体去碰触它们。几周后，你会发现，绿色的树叶会干枯变成褐色，但不会从树枝上落下来。

游戏中的科学

叶子是由叶片和叶柄组成的。叶柄连接在茎上的那一层细胞叫作离层细胞，这些细胞的细胞壁很薄。一般在秋天，落叶树的离层细胞会产生一种化学物质，把维系着离层细胞的细胞壁分解掉。这时只剩下运输管把叶子连在植物的茎上。叶子的重量加上风的吹动，就会使运输管断裂，叶子便掉落。在这个游戏中，因为还没有到秋天，不会产生化学物质分解掉离层细胞的细胞壁，离层细胞仍然存在，这样即使叶子干枯了，也还会连在茎上，不会轻易掉下来。

你知道吗

为什么植物会落叶呢？科学家认为衰老是有性生殖耗尽植物营养引起的。在叶片衰老过程中，蛋白质含量显著下降，RNA含量也下降，叶片的光合作用能力降低。叶片衰老的最终结果是掉落。

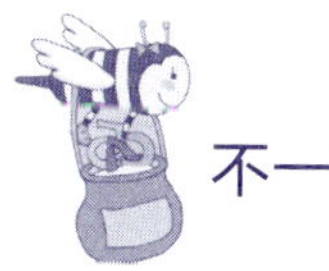

不一样的“吊兰”

你见过洋葱和萝卜制作的“吊兰”吗？其实你也可以自己动手做一个！

准备好了吗

洋葱头，红皮萝卜，细绳，水果刀。

开始游戏

1. 将红皮萝卜从中间切成两半，用水果刀将头部一段的中心挖空，形状呈碗状。

2. 将洋葱头外面的老皮扒掉，根部朝下，放在挖好的“萝卜碗”里。

3. 用细绳做个圈，套在萝卜上，挂起来，再往里面加点水。

4. 几天后，这个“吊兰”开始长出叶子来。再过一阵，繁茂的叶子就会把“萝卜碗”包围起来，洋葱的叶子是长长的圆叶，萝卜的叶子会向上弯曲，还开出淡淡幽香的小黄花。

游戏中的科学

因为萝卜的根和洋葱的茎都贮藏着大量的营养物质，如果有充足的水分和阳光，它们就能很好地进行光合作用，所以这个“吊兰”就会健康成长。

你知道吗

切洋葱时特别容易刺激眼睛，但只要在切洋葱之前把洋葱放在冷水里浸一会儿，把刀也浸湿，再切就不会流眼泪了。另外，把洋葱先放在冰箱里冷冻一会儿，然后再拿出来切，也会取得较好的效果。

催熟的水果

有些水果买回来的时候如果是生的，就需要催熟，你知道怎么催熟吗？

准备好了吗

未熟的水果（如香蕉、猕猴桃、李子等），发霉的柠檬，塑料食品袋。

开始游戏

将未熟的水果放入食品袋里，将一两个发霉的柠檬也放在食品袋里，最好放在水果的上面，尽量不要弄脏水果。不久，食品袋中的水果就熟了。这个游戏实验仅用于理论证明，现实生活中的霉变水果和与其接触的水果不能食用。

游戏中的科学

柠檬上的真菌能释放出一种叫作乙烯的气体，这种气体能与果实内含有金属原子的酶发生作用，从而改变果实体内蛋白质核酸的合成，调节和加速果实的生长。另外，果实在新陈代谢过程中自身也能分解出乙烯气体，这就是生果实存放的时间长了也会自动成熟的原因。

你知道吗

民间有一种催熟香蕉的方法，是将成熟的香蕉或苹果和生香蕉放在一起，然后用薄膜包起来，其原理也是通过成熟果实释放出乙烯来启动香蕉果实内部的乙烯合成酶，达到催熟香蕉的目的。

燃烧的核桃

也许你会经常吃到香脆美味的核桃仁，但你是否见到过燃烧的核桃呢？

准备好了吗

核桃，火柴，蜡烛，锤子，金属叉子。

开始游戏

1. 用锤子将核桃砸出裂纹，然后将它固定在金属叉子的尖端。

2. 点燃蜡烛，将核桃放在火焰上，当核桃开始燃烧时将蜡烛吹灭。这时，核桃就持续燃烧起来。

游戏中的科学

核桃中含有很多的油，所以它能够燃烧。当燃烧核桃时，真正燃烧的是核桃中的油，这些油足以烤熟一个香菇。

你知道吗

核桃仁中所含维生素E，可使细胞免受自由基的氧化损害，是医学界公认的抗衰老物质，所以核桃有“万岁子”“长寿果”之称。

土豆上的白糖

放在两个土豆上的白糖，一个溶化了，另一个却没有任何变化，这是为什么呢？

准备好了吗

2个土豆，白糖，盘子，水果刀，小勺。

开始游戏

1. 取2个土豆，将其中一个土豆用开水煮熟。

2. 把2个土豆的两头各削去一片，在2个土豆的一头各挖一个洞，在每个洞里各放1勺白糖，然后将它们直立在有水的盘子里。

3. 几个小时后，你会看到，生土豆里的白糖溶化了，而熟土豆里面依旧是白糖颗粒。

游戏中的科学

土豆煮熟后，内部细胞已经遭到破坏，没有了渗透功能，所以白糖不会溶化。而生土豆内部细胞是活的，经过吸收水分，白糖浸水就会溶化。

你知道吗

在瑞典的哥德堡市中心的一个小广场上，矗立着一座青铜塑像，他神情淡然，骨骼粗大，下巴上有一道沟壑。虽然他一身贵族装扮，但是像土豆一样十分沉稳。他就是约拿斯·阿尔斯特鲁玛，吃土豆的第一人。

会呼吸的种子

人和动物呼吸的是空气，那么一颗小小的种子呼吸的是什么呢？

准备好了吗

大玻璃瓶，小玻璃瓶，大豆，烧碱溶液，软木塞，弯曲的透明

塑料管，凡士林，水杯，红墨水。

开始游戏

1.在大玻璃瓶里装些干燥的大豆，大约占瓶子1/3的样子。在种子的上面放一个开口的小玻璃瓶，在小瓶里装点烧碱溶液，小玻璃瓶应全部装在大玻璃瓶中。

2.用软木塞塞住大玻璃瓶瓶口，并在塞子上打一个孔，装上一根弯曲的透明塑料管。

3.在瓶塞与瓶口之间，以及玻璃管与塞孔口接触处都抹上凡士林，以免漏气。

4.把塑料管的另一端插入水杯里，在水里滴上几滴红墨水，使水变红。装好后不要动它。过几天后，就会发现红色的水沿着塑料管不断上升。

游戏中的科学

红色的水沿着塑料管不断上升的原因就在于玻璃瓶中的种子在呼吸。种子的呼吸是吸收空气中的氧气，呼出二氧化碳。游戏中，大玻璃瓶中的种子吸收了瓶内空气中的氧气，放出了二氧化碳。但是，它放出的二氧化碳被小玻璃瓶中的烧碱溶液吸收了。因此，整个大坡璃瓶中的空气密度变小，空气压力降低了。这样大瓶内的气压比外界的气压小，水管中的水就会沿着塑料管上升了。

你知道吗

种子的呼吸与种子生命力息息相关。干燥的种子呼吸很微弱，通常情况下生命力较持久；而潮湿的种子呼吸较旺盛，容易失去生命力。

松果晴雨计

利用松果也能制作晴雨计，你知道这是为什么吗？

准备好了吗

成熟的松果，模板，胶水，锉刀，竹签，白卡纸，万能胶。

开始游戏

1. 用木板制作一个底座，将松果的蒂部用锉刀锉平整，再用木砂纸打磨一下。

2. 用竹签做一个指针，末端粘上一个用白卡纸剪成的箭头。

3. 在松果的下部选择一片位置合适的鳞片，把做好的指针用万能胶粘在鳞片上，然后调整松果在底板上的位置，使指针的摆幅与背景板相对应，这时用万能胶粘牢松果。

4. 分别在干燥的晴天和潮湿的阴雨天将指针标定下来，并分别画上太阳和雨伞。这样松果晴雨计就做好了。把它放在太阳光照不到、雨水淋不到的通风处，就能预报几小时之后的天气变化情况。

游戏中的科学

成熟的松果上长着许多舒展开的鳞片，这些鳞片由木质纤维组成。当木质纤维受潮时会伸长，干燥时又会收缩。利用这个特性，我们就可以把松果做成一个晴雨计。

你知道吗

布娃娃也可以成为“天气预报员”。用一块柔软的纸给娃娃做一个蝴蝶结，把蝴蝶结放在二氯化钴（一种化学药品，化学商店有售）溶液中浸透，取出晾干后，把蝴蝶结给布娃娃戴上。这个经过特殊处理的蝴蝶结可以显示空气的湿度。如果空气潮湿，蝴蝶结就显示粉红色；如果空气干燥，蝴蝶结就显示蓝色。

树脉书签

也许你见过用树脉做成的书签，但你知道它是怎么制作的吗？它的制作原理又是什么呢？

准备好了吗

树叶，水，烧杯，酒精灯，塑料板，石棉网，铁架台，小刷子，10%氢氧化钠溶液。

开始游戏

1. 挑选一片外形完整、叶脉清晰、粗壮且纹路较多的树叶，用水将树叶洗干净，放进10%氢氧化钠的溶液中，进行加温煮沸。当树叶由绿变黄后，取出树叶，用清水将树叶上的碱液洗净。

2. 将树叶平放在塑料板上，用小刷子慢慢地刷去树叶的叶肉，将剩下的叶脉放入水中清洗，稍稍晾干后夹在书中压平，几天后，树脉书签就成形了。

游戏中的科学

叶脉是由粗的维管束及导管构成。而氢氧化钠具有很强的腐蚀性，它能将树叶的叶肉部分完全破坏，但对叶脉没有多大的影响，所以叶脉就被完整地分离出来了。

你知道吗

制作叶脉书签需要使用叶脉比较粗、韧性好的树叶，一般以常绿木本植物为好。如桂花叶、石楠叶、木瓜叶、桉枝叶、茶树叶等。在叶片充分成熟并开始老化的夏末或秋季选叶制作。

仙人掌的妙用

仙人掌具有净化液体的作用，你知道为什么吗？

准备好了吗

1片新鲜的仙人掌，1杯浑水，1把小刀。

开始游戏

1. 拿出仙人掌，用小刀在上面划出几道口子，稍微用力揉压一下，使其流出液汁。

2. 将仙人掌汁液放在浑水中搅拌几分钟，当水里出现蛋花状的沉淀物时停止搅动。

3.待杯子中的水静止大约5分钟后，观察杯中的水。你会发现，水中蛋花状的沉淀物沉入杯底，而原来浑浊的水竟然变得干净了。

游戏中的科学

仙人掌的汁液有净化作用，是天然的净化剂，能净化水中的脏物。所以，原来浑浊的水会变得干净清澈。

你知道吗

仙人掌表面有层蜡质，叶子也进化成了针状，减少了水分蒸发。仙人掌进化了肉质组织、蜡质皮肤和尖尖的刺，还有专业化的根系，使它们在干旱、烈日等艰苦生态环境下能具备全部的生长优势。树干充当水库，根据其蓄水的多少可以膨胀和收缩。皮上的蜡质保护层可保持湿气，减少水分流失。尖尖的刺可防止口渴的动物把它当成免费饮料。

豆子的力量

一些干黄豆，看起来没什么力气，居然能够把玻璃瓶撑破，你相信吗？

准备好了吗

一些干黄豆，1个带塞的薄壁玻璃瓶，一些清水。

开始游戏

1.把黄豆装入玻璃瓶中，不要装得太满，大约占全瓶容积的3/4。

2.往玻璃瓶中加满清水，并塞紧瓶塞。

2.等到玻璃瓶中的水被吸干了，拔出塞子继续加满水，再把塞子塞紧。

4.如此反复几次，几天之后，玻璃瓶突然破裂了，豆子滚落一地。

游戏中的科学

玻璃瓶为什么会破裂呢？原来，豆子吸水之后体积会膨胀，产生很大的压力，这种压力足以使玻璃瓶破裂。

你知道吗

植物组织中的纤维素、果胶物质、淀粉和蛋白质等，具有很强的亲水性，在未被水饱和时，就潜伏着很强的吸水能力。最明显的例子是风干种子，因为其内贮存着大量蛋白质或淀粉。蛋白质与水结合的趋势大于淀粉，因此，豆类种子吸胀作用极为明显。吸胀物体由于吸附水分子而膨胀，其压力很大，如将干种子塞满岩石裂缝，借其吸水产生的吸胀压力能使岩石破裂。

天然驱虫剂

大蒜具有驱赶蚊虫的作用，要是你不相信，可以通过做一个游戏来验证一下。

准备好了吗

1个大蒜头，1个水盆，一些清水，1个喷壶，1盆长了虫子的花。

开始游戏

1. 将大蒜头剥皮并捣碎。

2. 在水盆里倒入一些清水，把捣碎的蒜放在清水中浸泡几个小时。

3. 将喷壶装上浸泡液喷洒在花上。两三天之后，你会发现，花上的害虫慢慢变得干瘪直至死亡。

游戏中的科学

大蒜头可以杀死虫卵，它浓烈的气味可以驱赶害虫，使它们不敢接近花卉。

你知道吗

夏季正是蚊虫肆虐的季节，除了使用各种杀虫剂，其实有更健康的驱虫方式可供选择，那就是利用植物的驱虫能力，可以在室内养上一些具有驱虫效果的植物，例如，夜来香、猪笼草、天竺葵、食虫草等。

撑破肚皮的樱桃

你见过撑破肚皮的樱桃吗？是什么原因导致它这样呢？

准备好了吗

一些新鲜的红樱桃，1个水盆，一些清水。

开始游戏

1. 将樱桃洗干净。

2. 在水盆中倒入一些清水，把樱桃浸泡在水盆中，盆中的水要没过樱桃。

3. 过一段时间后，水中浸泡的樱桃就会开裂。

游戏中的科学

浸泡后的樱桃为什么会撑破肚皮？原来，水可以通过樱桃表皮细微的小孔进入到樱桃中，被樱桃吸收，但它本身所含的糖分不会流失掉，这样就增加了樱桃本身的压力，使自身破裂。

你知道吗

樱桃是蔷薇科植物樱桃的果实，因成熟期早，有“百果第一枝”的美誉。据说黄莺特别喜好啄食这种果子，因而名为“莺桃”。樱桃果实虽小如珍珠，但色泽红艳光洁，玲珑如玛瑙宝石一样，味道甘甜而微酸，既可鲜食，又可腌制或作为其他菜肴食品的点缀，因而备受人们青睐。

会跳舞的葡萄

有时我们把葡萄放到水中，它会在水中跳动起来，你知道这是为什么吗？

准备好了吗

几颗葡萄，1个透明的玻璃杯，1瓶含有二氧化碳气体的纯净水。

开始游戏

1. 将玻璃杯装满含有二氧化碳气体的纯净水。

2. 把葡萄慢慢地放进杯中。仔细观察，你会发现，葡萄进入水杯后，先是沉入杯底，然后神奇地上下跳动起来，好像是在跳舞。

游戏中的科学

当纯净水倒入到玻璃杯中后，里面的二氧化碳气体被释放出来，它释放出许多小气泡，这些小气泡包裹住葡萄，使葡萄向上浮动，等达到一定高度后，小气泡破裂，葡萄便再次跌落杯底，如此可以反复好几次。

你知道吗

在果品中，葡萄的资历可谓最老，据古生物学家考证，在新生代第三地层内就发现了葡萄叶和种子的化石，证明距今650多万年前就已经有了葡萄。有的学者认为在23000万年前至6700万年前就有类似葡萄的植物。

马铃薯变软了

泡在水中的几片马铃薯，为什么有的变软了，有的却还是很硬?

准备好了吗

1个马铃薯，1只250毫升的量杯，一些食盐，1把5毫升的茶匙，2个小碗，一些清水。

开始游戏

1. 将3茶匙的食盐和1量杯的水混合，再把混合后的盐水倒在一个小碗里。

2. 往另一个小碗里倒一些清水。

3. 将马铃薯切成6毫米厚的薄片，并将这些薄片分成均等的两份，一份泡在盛盐水的小碗里，一份则放在盛清水的小碗里。

4. 大约15分钟后，将两个小碗里的马铃薯片都夹起来。你会发现，浸泡在清水中的马铃薯很硬，不容易弯曲；而浸泡在盐水中的马铃薯却很软，很容易弯曲。

游戏中的科学

马铃薯里含有丰富的水和盐。泡在清水中的马铃薯片，由于本身盐的含量大于清水，因此碗里的水分会通过马铃薯的细胞膜向里渗透，马铃薯片细胞里的水量变多，因而就会变硬，不容易弯曲。相反，在盛盐水的碗里，由于盐水里盐的含量大，因此马铃薯片细胞里的水分就会透过细胞膜进入盐水中，马铃薯片细胞里的水量变少，因而就会变软，很容易弯曲。

你知道吗

水分通过细胞膜而移动的现象是一种渗透现象。有两个因素会影响渗透的过程：一是细胞里的水量和溶解物质的含量；二是细胞外的水量和溶解物质的含量。

葡萄干变胖啦

你知道怎么使干瘪的葡萄干变胖吗？

准备好了吗

几粒葡萄干，1个玻璃杯，一些清水。

开始游戏

1. 在玻璃杯中装些清水。

2. 将葡萄干放进玻璃杯中。

3. 静置一个晚上后再观察杯中的葡萄干，你会发现，葡萄干膨胀变软了，且外皮变得很光滑。

游戏中的科学

在渗透的过程中，水分子会通过植物的细胞膜，从溶液浓度小的一侧向溶液浓度大的一侧移动。干瘪的葡萄干里水分很少，所

以它们的溶液浓度大，杯子里的水就会穿过葡萄干的细胞膜进入葡萄干的细胞中。当葡萄干的细胞中充满水分时，葡萄干就会膨胀变软，并且外表也变得光滑起来。

你知道吗

在日光下晒干的葡萄干容易发酸，质量最好的是阴干。新疆吐鲁番的无核葡萄制成的葡萄干之所以最有名，就是因为采用的是阴干的处理方式。吐鲁番气候炎热而干燥，那里用砖搭成的阴干房四面墙上有许多墙洞，中间是木棍搭成的支架，如果将成熟的无核葡萄搭上，经过热风一吹，很快就能得到高质量的葡萄干。

蔫蔫的芹菜

蔬菜为什么放几天后会变软呢？你知道怎么使它们重新变得硬挺起来吗？

准备好了吗

1根变软的芹菜茎，一些蓝色食用色素，1只玻璃杯。

开始游戏

1. 将芹菜茎的下端薄薄地削去一层。

2. 将玻璃杯装半杯水，再倒入足量的蓝色食用色素，使水变成暗蓝色。

3. 把芹菜插入玻璃杯中，静置一个晚上。第二天早上，你会发现芹菜叶子变成了蓝绿色，而且茎部变得硬挺了。

游戏中的科学

植物细胞里通常充满水分，这些水分能使细胞变硬并使细胞紧密相连，所以植物就变得硬挺。当植物中水分逐渐蒸发时，就会像个漏了气的气球一样，变得软绵绵的，细胞因缺水而萎缩，就会使植物的茎叶低垂。把芹菜茎的下端薄薄地削去一层，就会使芹菜的一部分细胞被切开。将芹菜放在水中，水就会沿着起支撑作用和输水作用的组织——木质部，进入芹菜的茎部。木质的导管贯穿整个

芹菜中，杯子中的水分就会通过导管进入芹菜的细胞中。所以，因丧失水分而弯曲的芹菜能恢复到新鲜时的硬挺状态。

你知道吗

植物细胞里的水所产生的压力称为膨压。膨压的存在，可以维持叶片、花及茎固有的挺立姿态。细胞内含有水分时，膨压升高，细胞膜紧绷；细胞失去水分时，膨压降低，细胞体积收缩。

第十章　微生物驾到

喜好不同的真菌

不同的真菌有着不一样的喜好！

准备好了吗

1个煮熟的马铃薯，一些面包渣，几根头发，一些泥土，3个带盖的玻璃瓶，1副橡胶手套，1瓶洗洁精，1把刀，一些黑纸，一些热水。

开始游戏

1. 带上橡胶手套，用热水和洗洁精将3个玻璃瓶洗干净，然后盖上玻璃瓶的瓶盖。

2. 用刀将马铃薯切成几乎大小均等的3块。

3. 将3块马铃薯分别放到三个玻璃瓶中，并让马铃薯的切面朝上。

4. 将3个玻璃瓶从左至右依次排列，在第一个玻璃瓶中撒一些土，在第二个玻璃瓶中撒点面包渣，在第三个玻璃瓶中放几根头发。

5. 用黑纸把玻璃瓶包起来。

6. 将玻璃瓶按照原来的次序，放到一个有阳光的地方。

7. 一个星期之后，将玻璃瓶外面包裹的黑纸撕掉，你会发现，三个玻璃瓶中的马铃薯上面都长满了真菌。仔细看看，这三个瓶中的真菌会有什么不同。

游戏中的科学

真菌的种类很多，可谓无处不在。游戏中，三个玻璃瓶中的真菌是不同的，它们的喜好也不一样。第一个玻璃瓶中的真菌喜欢以

淀粉为食；第二个玻璃瓶中的既喜欢吃淀粉，也喜欢吃糖；第三个玻璃瓶中的则喜欢吃淀粉和蛋白质。

你知道吗

真菌的细胞既不含叶绿体，也没有质体，是典型的异养生物。它们从动物、植物的活体、死体和它们的排泄物，以及断枝、落叶和土壤腐殖质中，吸收和分解其中的有机物，作为自己的营养。它的异养方式有寄生和腐生。

看不见的微生物

在我们身边存在大量的微生物，我们无法光凭肉眼看见它们，你有没有什么办法能得知它们的存在呢？

准备好了吗

3个带盖的玻璃瓶，1个锅，1个燃气灶，1把钳子，1条干毛巾，一些沙土，1把小勺，一些盐，一些泡打粉，酵母菌粉末，3张标签纸，1支笔，1台冰箱，1个玻璃杯，1个盆，一些糖，一些温水，一些冷水。

开始游戏

1. 把3个玻璃瓶放到锅中的沸水中煮2分钟。

2. 用消过毒后的钳子将玻璃瓶取出来，放到平铺好的毛巾上晾干。

3. 将玻璃瓶都装入沙土，高度高至玻璃瓶1/3处。

4. 在3个玻璃瓶中，分别加入两勺盐、两勺泡打粉、两勺酵母菌粉末，盖上瓶子。

5. 在3个瓶子上贴上标签，用笔做上记号，以示区别。

6. 将3个玻璃瓶放到冰箱中冷冻一个晚上。

7. 第二天，在盆中配好半玻璃杯糖和4玻璃杯温水的混合溶液。

8. 从冰箱中取出玻璃瓶，将糖水平均加入3个瓶中，盖上盖子。

9. 把玻璃瓶都放到阳光充足的地方，仔细观察3个瓶中的情况。你会发现，放盐的瓶中没有任何变化；放泡打粉的瓶中出现了一些浑浊的水；放酵母菌的瓶中，沙土在不停地翻滚。

游戏中的科学

由于含有盐的玻璃瓶中没有微生物，因此里面没有发生任何反应；装有泡打粉的瓶子中，泡打粉会与糖发生反应，待泡打粉消耗完之后，反应也就会停止；装有酵母菌的玻璃瓶中，因酵母菌是微生物，会不断地繁殖，并产生大量的气泡，所以瓶中的沙土就会不停地翻滚。

你知道吗

目前酵母菌已知有1000多个种类。根据酵母菌产生孢子的能力不同，可以将酵母菌分成三类：形成孢子的株系属于子囊菌和担子菌；不形成孢子主要通过芽殖来繁殖的称为不完全真菌，或者叫“假酵母”。

面包长毛了

面包放久了上面会长出黑色的毛，你知道这是为什么吗？

准备好了吗

1片面包，1个透明塑料袋，1根滴管，一些清水。

开始游戏

1. 将面包装入塑料袋中。
2. 用吸管吸取水，往塑料袋中滴上十几滴，然后将袋口扎紧。
3. 把塑料袋静置在温暖、阴暗的地方。
4. 5天后，透过塑料袋观察里面的面包，你会发现，面包上长出了蓬松柔软的黑色毛状物质。

游戏中的科学

面包上长出的黑色毛状物质是霉菌。霉菌是一种真菌，它会在很短的时间内生长并繁殖。霉菌会制造出孢子，这些孢子比灰尘颗粒还小，能浮在空中。游戏中，当面包放进塑料袋时，就已经沾

上了霉菌的孢子，而温暖、潮湿的地方，正是霉菌最理想的生长环境。所以，几天之间，它们就会在面包上大量繁殖起来。

你知道吗

霉菌对我们有好坏之分。有些霉菌会使食物腐烂变臭，危害我们的健康；而有些霉菌则能制造出美味的食物，比如奶酪就是在霉菌的作用下才变得好吃的。

酵母菌的作用

你知道酵母菌在面包制作中起到什么样的作用吗？

准备好了吗

1小包发酵粉，一些砂糖，1个窄口的玻璃瓶，1把汤匙，1根筷子，1个250毫升的量杯，一个气球，一些温开水。

开始游戏

1. 将全部发酵粉和一汤匙砂糖放入量杯中。

2. 一边往量杯中倒入温开水，一边用筷子将杯中的溶液搅拌均匀，直至量杯装满。

3. 将量杯中的溶液倒入玻璃瓶中。

4. 再往玻璃瓶中倒入一些温开水。

5. 把气球里的空气挤出来，然后套在瓶口上。

6. 把瓶子放到温暖、阴暗的地方静置三四天，并每天观察一次瓶子里的情况。你会发现，瓶子里的液体会不断冒泡，气球也会慢慢鼓起来。

游戏中的科学

酵母菌是一种单细胞真菌，它能用含糖的食物来制造出酒精、二氧化碳和能量。游戏中，玻璃瓶中冒出的气泡和鼓起来的气球里的气体都是二氧化碳。我们在制作面包的过程中，面团中的酵母菌和糖发生反应产生的二氧化碳会往外跑，面团就会膨胀变大，使之吃起来松松软软的。另外，用酵母菌做出来的面包烤好会很香，其

中一个原因就是面包里的酵母菌与糖作用产生的酒精蒸气扩散了出来。

你知道吗

酵母菌是人类实践中应用比较早的一类微生物，我国古代劳动人民就利用酵母菌酿酒。酵母菌的细胞里含有丰富的蛋白质和维生素，所以也可以做成高级营养品添加到食品中，或用作饲养动物的高级饲料。

“不干净”的冰箱

你认为冰箱里的细菌多吗？

准备好了吗

一盒新鲜的牛奶，2个玻璃杯，1台冰箱，一些保鲜膜。

开始游戏

1. 往2个玻璃杯中倒入半杯牛奶。
2. 用保鲜膜将玻璃杯口密封起来。
3. 将其中1个玻璃杯放到暖和的地方。
4. 将其中1个玻璃杯放到冰箱的冷藏室中。
5. 每天观察两个玻璃杯中的牛奶一次，连续观察一个星期。你会发现，放在暖和地方的牛奶会出现白色的奶块，并会发出酸臭的气味；而放在冰箱中的牛奶却和原来差不多。

游戏中的科学

细菌的繁殖速度会随温度的变化而变化。在温度较高的地方，细菌繁殖的速度较快，致使食物容易变质；而在温度较低的地方，细菌繁殖的速度则较慢。冰箱的冷藏室中，虽然比较寒冷，但里面也有细菌，尽管它们繁殖较慢，但时间长了，它也能大量繁殖。所以，冰箱中的食物不能长期放置，否则也会腐败。

你知道吗

细菌广泛分布于土壤和水中，或者与其他生物共生。人的身体

上也带有相当多的细菌。据估计，人体内及表皮上的细菌细胞总数约是人体细胞总数的10倍。

三杯鸡精汤汁

你知道哪些物质能够抑制细菌的繁殖吗？

准备好了吗

1小包鸡精，一些食盐，一些白醋，3个玻璃杯，1个量杯，1把小勺，1根筷子，3张标签纸，1支笔，一些热开水。

开始游戏

1. 将鸡精全部倒入量杯中。

2. 往量杯中倒入热开水，然后用筷子进行搅拌，使鸡精完全溶化。

3. 将鸡精汤汁均匀地倒入3个玻璃杯中。

4. 往第一个玻璃杯中放入一小勺食盐；往第二个玻璃杯中放入一小勺白醋；第三个玻璃杯中什么也不放。

5. 分别在每个玻璃杯上贴上一个标签纸，并用笔做好区别标记。

6. 把3个玻璃杯放到温暖的地方静置两天，然后观察里面汤汁的变化。你会发现，3杯汤汁都变浑浊了，什么都没放的汤汁最浑浊，放有醋的汤汁最清晰。

游戏中的科学

当汤汁里产生大量细菌时，就会变浑浊。因为盐和醋能抑制细菌的繁殖，使细菌繁殖的速度变慢，细菌也就相应较少，所以汤汁会显得清晰一些。同时，醋抑制细菌繁殖的能力比盐要强，所以，放了醋的汤汁比放了盐的汤汁要清晰一些。

你知道吗

鸡精是一种复合调味品，它的基本成分是90%的味精，加入助鲜剂、盐、糖、鸡肉粉、辛香料、鸡味香精等成分加工而成，更含有多种氨基酸。

袋子里的青霉菌

你见过青霉菌吗？你知道它最容易在什么样的环境下生长繁殖吗？

准备好了吗

2个橘子，2个柠檬，2个塑料袋，2团棉球，2根橡皮筋，1个大盘子，1台冰箱，一些清水。

开始游戏

1. 将橘子、柠檬、棉球都放在地面上摩擦一下。

2. 将三者一起放到盘子中静置一天。

3. 将三者每样取一个，分别放进两个塑料袋中。

4. 在两个塑料袋中撒十几滴水，并小心用橡皮筋将袋口密封起来。

5. 将一个塑料袋放进冰箱的冷藏室中，另一个放到阴暗暖和的地方，两者都静置两个星期。

6. 坚持每天观察一次塑料袋里的情形。你会发现，放在冰箱冷藏室里的东西除了变干一些，其他没有什么变化；另外一个塑料袋里的东西却长满了蓝绿色的细毛。

游戏中的科学

没有放到冰箱里的那个塑料袋内长出的物质是青霉菌，在显微镜下观察，它呈蓝色扫帚状。青霉菌通常生于柑橘类水果上。在热的地方，特别是温暖潮湿的地方，它会繁殖得很快；在温度较低的地方，它的生长速度则会变慢。

你知道吗

自然界中已发现的青霉菌绝大多数以无性繁殖的方式繁衍后代，即分生孢子萌发为菌丝体，在气生菌丝上产生分生孢子梗，在分生孢子梗上串生许多分生孢子，分生孢子在适宜环境中又萌发为菌丝体，以此循环反复。

椰子发霉了

你知道霉菌最喜欢在哪些地方生长吗？

准备好了吗

1个椰子，1个大塑料袋，1根宽长的布条，1根橡皮筋。

开始游戏

1. 请人帮忙将椰子切开，并将里面的椰汁倒干净。将椰子切口朝上放置两个小时。将椰子再合在一起，并用布条将其固定起来。将固定好的椰子放进塑料袋，并用橡皮筋将袋口密封起来。

2. 将塑料袋放到阴暗温暖的地方静置一个星期。每天打开塑料袋观察一下，看看椰子的内侧和外侧有什么变化。你会发现，椰子的外侧几乎没有变化，内侧却出现了不同颜色的斑点。

游戏中的科学

椰子内侧出现的不同斑点，实则是霉点，它是由空气中的多种真菌繁殖而成。由于这些真菌没有叶绿素，无法制造出生长所需要的养料，因此必须从它们寄生的生物身上盗取生长所需要的养料。因为椰子的内壁含有椰肉，能够提供真菌生长所需要的养料，所以它们就会在此迅速繁殖起来。

你知道吗

椰子的综合利用产品达360多种，在国外有“宝树”“生命木”之称。除了果实，椰子的其他部分也有不小功用，如椰壳可以烧制活性炭或加工椰雕、乐器；椰干可加工成椰油；椰木质地坚硬，花纹美观，可做家具或建筑材料。

腐烂的香蕉

你知道酵母菌会加速食物的腐烂吗？

准备好了吗

1根香蕉，1把小刀，2个塑料袋，一些发酵粉，2根橡皮筋。

开始游戏

1.剥开香蕉皮，用小刀切下两薄片香蕉。

2.将一片香蕉薄片放进一个塑料袋中，并用橡皮筋将袋口扎紧。

3.在另一片香蕉薄片上撒些发酵粉，然后装进另一个塑料袋中，也用橡皮筋将袋口扎紧。

4.将第一个塑料袋放在左边，第二个塑料袋放到右边，以示区别。

5.将两个塑料袋静置两周，并且每天都仔细观察两个塑料袋中的情况。你会发现，撒有发酵粉的香蕉薄片会更早发霉并腐烂。

游戏中的科学

酵母菌是真菌的一种，它必须寄生在别的生物上获取养料。游戏中，将酵母菌撒在香蕉薄片上，酵母菌就会从香蕉薄片上获取养料，导致香蕉很快地腐烂。

你知道吗

真菌像细菌和微生物一样都是分解者，它可以避免生物的尸体不断地堆积在地球上，腐烂后被彻底分解的东西还可以被其他的植物或动物利用。在我们浇花种菜的各种肥料中就含有真菌，它们会把肥料分解成能让植物吸收的形态。

第十一章　地球情报局

酸雨的危害

空气污染会造成酸雨，它具有很大的腐蚀性，下面这个游戏能让我们看到酸雨的危害。

准备好了吗

2个玻璃杯，清水，柠檬汁，2支粉笔，针。

开始游戏

1.在一个玻璃杯中注入水和柠檬汁，搅拌均匀，在另一个杯中放入水。

2.取2支一样长度的粉笔，用针在上面分别划上标志A和B，然后放入玻璃杯中，对比观察。放置2天以后，发现放入柠檬汁玻璃杯的粉笔上的A由于变软已经看不清字迹。

游戏中的科学

粉笔的主要构成成分是石灰石，而柠檬汁的水是酸性溶液，两者发生了化学反应，于是粉笔被腐蚀。

你知道吗

酸雨可导致土壤酸化。我国南方土壤本来多呈酸性，再经酸雨冲刷，加速了酸化过程。我国北方土壤呈碱性，对酸雨有较强缓冲能力。由于土壤中含有大量铝的氢氧化物，土壤酸化后，可加速土壤中含铝的原生和次生矿物风化而释放大量铝离子，形成植物可吸收的形态——铝化合物。植物长期、过量地吸收铝，会中毒甚至死亡。酸雨更能加速土壤矿物质营养元素的流失；改变土壤结构，导致土壤贫瘠化，影响植物正常发育；还会诱发植物病虫害，使作物减产。

酸雨使非金属建筑材料（混凝土、砂浆和灰砂砖）表面硬化水泥溶解，出现空洞和裂缝，导致强度降低，从而损坏建筑物。建筑材料变脏、变黑，影响城市市容质量和城市景观，被人们称之为“黑壳”效应。

日食出现了

日食是一种神奇的天文现象，只有特定的时间才能看到，我们可以用身边的小道具来模拟日食。

准备好了吗

乒乓球，厚纸板，小刀，台灯，圆规。

开始游戏

1. 用小刀和圆规在厚纸板上刻一个乒乓球大小的洞，关闭房间内的其他光源。

2. 打开台灯，把厚纸板挡在台灯前，使灯光可以透过圆洞。这个时候拿着乒乓球缓慢从圆洞前划过，挡住从圆洞射出的光线，就好像发生了日食一样。

游戏中的科学

在这个小游戏中，灯泡就相当于太阳，乒乓球就相当于月亮，眼睛则代表着地球上的观察者，当地球、月亮、太阳排成一条直线的时候，就会出现日食现象，因此就看不到太阳了。

你知道吗

日食，又作日蚀，在月球运行至太阳与地球之间时发生。这时对地球上的部分地区来说，月球位于太阳前方，因此来自太阳的部分或全部光线被挡住，看起来好像是太阳的一部分或全部消失了。日食只在朔，即月球与太阳呈现合的状态时发生。日食分为日偏食、日全食、日环食。观测日食时不能直视太阳，否则会造成失明。

天气有时候变化无常

天气有时候变化无常，你知道这是为什么吗？来做下面的游戏吧！

准备好了吗

盘子，水壶，清水，燃气灶，冰箱。

开始游戏

1. 将一个干净的盘子放入冰箱中冷却。同时用燃气灶烧开一壶开水，当开水沸腾的时候取出冰箱里的盘子。

2. 将盘子放在水蒸气上方，只见没多一会儿，盘子底部就会凝结出很多小水滴，甚至会滴落下来。

游戏中的科学

当温度很高的水蒸气遇到温度很低的盘子时，水蒸气就会凝结成无数的小水珠，随着凝结的水珠越来越多，水珠的重力大于水珠与盘子的附着力时，就会掉落下来。

你知道吗

雨就是从云中降落的水滴。陆地和海洋表面的水蒸发变成水蒸气，水蒸气上升到一定高度后遇冷变成小水滴，这些小水滴组成了云，它们在云里互相碰撞，合并成大水滴，当它大到空气托不住的时候，就从云中落了下来，形成了雨。雨的成因多种多样，它的表现形态也各具特色，有毛毛细雨，有连绵不断的阴雨，还有倾盆而下的阵雨。雨水是人类生活中最重要的淡水资源，植物也要靠雨露的滋润而茁壮成长。但暴雨造成的洪水也会给人类带来巨大的灾难。

温室效应

温室效应对人类的生存有很大影响，你知道是什么导致了温室效应吗？

准备好了吗

小铁罐，泡沫塑料盒，黑色染料，水，玻璃，温度计，铁皮。

开始游戏

1. 将铁罐和泡沫塑料盒涂成黑色，取一块和泡沫塑料盒底部面积相仿的铁皮平铺在泡沫塑料盒内。

2. 给铁罐内加入半罐水置于泡沫塑料盒中间，记录此时水温，并盖上一块玻璃，过1个小时后再记录铁罐内的水温，发现水温变高。

游戏中的科学

我们这个游戏模拟了温室效应，黑色颜料起到了最大吸收热量的作用，太阳光透过玻璃把热量留在了泡沫塑料盒内，热量被铁罐吸收传给水，泡沫塑料盒又是热的不良导体，所以盒里积聚了大量热量。于是铁罐里的水温升高。

你知道吗

由环境污染引起的温室效应是指地球表面变热的现象。

温室效应主要是由于现代化工业社会过多燃烧煤炭、石油和天然气，这些燃料燃烧后放出大量的二氧化碳气体并进入大气。二氧化碳气体具有吸热和隔热的功能。它在大气中增多的结果是形成一种无形的玻璃罩，使太阳辐射到地球上的热量无法向外层空间发散，其结果是地球表面变热。因此，二氧化碳也被称为温室气体。

温室气体也并不是没有益处。温室气体能有效地吸收地球表面、大气本身和云所发射出的红外辐射。

月有阴晴圆缺

月有阴晴圆缺，不同的时候，月亮表现出不同的样子。我们来做一个小游戏吧！

准备好了吗

台灯，小皮球，铅笔。

开始游戏

1. 把铅笔的笔尖插在小皮球的气门处，关闭房间光源，打开台灯。

2. 在距离台灯半米远的地方用铅笔举起皮球，缓慢地移动皮球，使皮球绕我们的头部一圈，你会发现随着皮球的移动，皮球的阴影也在不断地发生变化。

游戏中的科学

在这个游戏里，皮球代表了月亮，灯泡代表了太阳，我们的头部代表了地球，皮球上的阴影从无到有，从少到多，从多到少，说明月亮围绕着地球转动的时候，它的相对位置不停地变化，反射太阳光的部分有时增加，有时减少，所以从地球上看，移动的月亮会出现不同的形状。

你知道吗

由于日、地、月三者的相对位置不断变化，因此，人们在地球上看到月球被太阳光照亮的部分也不断在变化，产生各种不同的形状，这叫作月相。月相有新月、上弦月、满月、峨眉月、凸月、下弦月等。

打雷啦

在多雨的夏季，经常会打雷，你知道雷声是怎么产生的吗？

准备好了吗

纸袋，橡皮筋。

开始游戏

1. 将纸袋子吹鼓起来，然后用橡皮筋扎紧袋口。

2. 用双手从两边同时拍打纸袋，纸袋就会发出“砰”的一声爆炸声。

游戏中的科学

纸袋的响声是空气被压缩，体积急剧膨胀发出的声响。

你知道吗

闪电是雷雨云体内各部分之间或云体与地面之间，因带电性质不同形成很强的电场的放电现象。由于闪电通道狭窄而通过的电流太多，这就使闪电通道中的空气柱被烧得白热发光，并使周围空气受热而突然膨胀，其中雨滴也会因高热而突然汽化膨胀，从而发出巨大的声响——雷鸣。在云体内部与云体之间产生的雷为“高空雷”；在云地闪电中产生的雷为“落地雷”。

地震的破坏力

地震给我们带来的痛苦是沉重的。正因为如此，我们更要研究它。

准备好了吗

小桌子，几本书。

开始游戏

1. 在桌面上放一摞书，用力左右摇晃桌子，你会发现书本马上就被晃倒在桌面上。

2. 找个朋友一起上下移动桌子，发现书只会倾斜，很不容易倒伏在桌面上。

游戏中的科学

地震分为左右晃动和上下晃动，这个游戏就模拟了地震的震动，使地面上下移动的地震波为纵波，左右移动的为横波，经过游戏我们可以发现横波的破坏力比纵波的破坏力要大。

你知道吗

地震所引起的地面振动是一种复杂运动，它是由纵波和横波共同作用的结果。在震中区，纵波使地面上下颠动，横波使地面水平晃动。由于纵波传播速度较快，衰减也较快，横波传播速度较慢，衰减也较慢，因此离震中较远的地方，往往感觉不到上下跳动，但能感到水平晃动。

当某地发生较大地震时，一段时间内，往往会发生一系列的地震，其中最大的地震叫作主震，主震之前发生的地震叫前震，主震之后发生的地震叫作余震。地震具有一定的时空分布规律。从时间上看，地震有活跃期和平静期交替出现的周期性现象。

日晷

日晷是利用太阳投射的影子来测定时刻的装置。我们动手来制作一个吧。

准备好了吗

硬纸，胶水，锥子，木棍，圆规，剪刀。

开始游戏

1. 用圆规在硬纸上画一个圆，用剪刀剪下。用锥子在圆心处钻出一个洞。

2. 将木棍直立插入洞中，并用胶水固定好，作为指针。在光照充足的上午，把做好的日晷放在室外，每当整点的时候，沿着指针投下的阴影画一条线，并在旁边标注上时间。

3. 一天过后，你的日晷上就有了均等间隔的一组线，然后你就可以用日晷测量时间了。

游戏中的科学

日晷的指针在背着阳光的方向投下阴影，它投下阴影的位置随着太阳的移动而变化，众所周知，太阳是相对静止的，只是地球围绕着太阳在旋转，所以，位于地球的我们看到的太阳是从东方升起，西方落下，我们把这个变化按全天等分就形成了日晷。

你知道吗

日晷利用太阳投射的影子来测定时刻的装置，又称“日规”。通常由铜制的指针和石制的圆盘组成。铜制的指针叫作“晷针”，垂直地穿过圆盘中心，起着圭表中立竿的作用，因此，晷针又叫“表”，石制的圆盘叫作“晷面”，安放在石台上，呈南高北低，使晷面平行于赤道面，这样，晷针的上端正好指向北天极，下端正好指向南天极。

在晷面的正反两面刻出12个大格，每个大格代表两个小时。当太阳光照在日晷上时，晷针的影子就会投向晷面，太阳由东向西移动，投向晷面的晷针影子也慢慢地由西向东移动。晷面的刻度是不均匀的。于是，移动着的晷针影子好像现代钟表的指针，晷面则是钟表的表面，以此来显示时刻。

早晨，影子投向晷面西端的卯时附近。接着，日影在逐渐变短的同时，向北（下）方移动。当太阳达正南最高位置（上中天）时，针影位于正北（下）方，指示着当地的午时正时刻。午后，太阳西移，针影东斜，依次指向未、申、酉各个时辰。

你知道什么是“空气污染”吗

“空气污染”是我们经常听到的一个词，那么你知道空气主要是被什么污染的吗?

准备好了吗

白色的厚纸板，凡士林，锥子，细绳，放大镜，油漆刷。

开始游戏

1. 用锥子在硬纸板边缘扎上2个孔，将细绳穿过，打结系好。用刷子在硬纸板上刷上一层凡士林。

2. 将纸板挂在道路边的大树上，等一天后取下纸板，用肉眼和放大镜观察上面的灰尘。

游戏中的科学

我们很容易就会发现，纸板上有灰尘和褐色微粒以及油污，这都是汽车尾气，以及工厂排出的气体。

你知道吗

所谓空气污染，即指空气中含有一种或多种污染物，其存在的量、性质及时间会伤害到人类、植物及动物的生命，损害财物，或

干扰舒适的生活环境。

大气污染源就是大气污染物的来源，主要有以下几个。

工业：工业是大气污染的一个主要来源。工业排放到大气中的污染物种类繁多，有烟尘、硫的氧化物、氮的氧化物、有机化合物、卤化物、碳化合物等。其中有的是烟尘，有的是气体。

生活炉灶与采暖锅炉：城市中大量民用生活炉灶和采暖锅炉需要消耗大量煤炭，煤炭在燃烧过程中要释放大量灰尘、二氧化硫、一氧化碳等有害物质。特别是在冬季采暖时，污染地区往往烟雾弥漫，呛得人咳嗽，这也是一种不容忽视的污染源。

交通运输：汽车、火车、飞机、轮船是当代的主要运输工具，它们烧煤或石油产生的废气也是重要的污染物。特别是城市中的汽车，量大而集中，排放的污染物能直接侵袭人的呼吸器官，对城市的空气污染很严重，成为大城市空气的主要污染源之一。汽车排放的废气主要有一氧化碳、二氧化硫、氮氧化物和碳氢化合物等，前三种物质危害性很大。

雄伟的山脉形成了

雄伟的山脉，让人心潮澎湃。你知道山脉是怎样形成的吗？

准备好了吗

纸盒，土壤，小刀。

开始游戏

1. 用纸盒装上土，浇上一点水以后置于阳光下暴晒。

2. 等纸盒里的土壤表面变得坚固以后，用小刀从中间把硬块划开一道口。轻轻地挤压纸盒，发现两个硬块在挤压下，接触的部分隆起来了。

游戏中的科学

这个游戏模仿的是山脉的形成，地球的表面由许多板块构成，

这些板块并不是静止的，而是在慢慢移动，互相挤压就会形成高耸的山脉，互相远离的板块就会出现缝隙，成为深不可测的海沟或大峡谷。

你知道吗

山脉是沿一定方向延伸，包括若干条山岭和山谷组成的山体，因像脉状而得名。它主要是由于地壳运动中的内应力作用，有明显的褶皱，从而区别于山地。而山地则是在一定的力的作用下，褶皱现象不明显。构成山脉主体的山岭称为主脉，从主脉延伸出去的山岭称为支脉。

几个相邻山脉可以组成一个山系，如喜马拉雅山系，包括柴斯克山脉、拉达克山脉、西瓦利克山脉和大、小喜马拉雅山脉。世界上著名的山脉主要有亚洲的喜马拉雅山脉、欧洲的阿尔卑斯山脉、北美洲的落基山脉、南美洲的安第斯山脉等。喜马拉雅山脉为世界上最大的山脉，它的主峰珠穆朗玛峰海拔8844.43米，为世界上最高的山峰。落基山脉长7000～8000公里，它的支脉与南美洲的安第斯山脉相连，全长1.7万公里，构成世界上最长的山系——科迪勒拉山系。

盐床到底是什么

你想知道盐床的形成吗？来做下面的游戏吧！

准备好了吗

玻璃杯，筷子，食盐。

开始游戏

1. 在玻璃杯中加入食盐，然后倒入水，用筷子搅拌均匀，使其融化。

2. 将玻璃杯置于阳光下，静置2～3个星期，直到杯里的水分全部蒸发，发现玻璃杯底会出现立方体结晶，而在杯壁上会出现白色的霜状物质。

游戏中的科学

玻璃杯中的盐水不断蒸发，当水分蒸发比较快时，就会形成霜状物残留在杯壁，而杯底的盐水被缓慢蒸发以后就会出现立方体结晶。

你知道吗

工业上用海水晒盐或用井水、盐湖水煮盐，使食盐晶体析出。这样制得的食盐含有较多杂质，叫作粗盐。粗盐经溶解、沉淀、过滤、蒸发，可制得精盐。

土地为什么有肥沃、贫瘠之分

土地有肥沃和贫瘠之分，你知道是什么原因造成这个区别的吗？

准备好了吗

土，漏斗，墨水，过滤纸，玻璃杯，筷子。

开始游戏

1.用墨水浇注土壤，搅拌均匀后放在一边。将漏斗放在瓶口上，然后将过滤纸放在漏斗里面，使过滤纸与漏斗面吻合。

2.把墨水染色的土倒在过滤纸上，用玻璃杯把水不断倒进漏斗，观察漏斗里滴下来的水的颜色。

游戏中的科学

在这个游戏中，墨水代表土壤表层溶于水的养分，随着水的不断冲刷，墨水不断被带走，颜色也就越来越浅。

你知道吗

雨水滴落在土壤表层的时候，土壤里的各种微量元素以及营养物质就会溶解在水中，并且顺着雨水流到植物根系，从而促进植物生长。但是如果雨水下得太大，雨水就会冲刷土壤，让土壤和水分流失，由于水的流动，带走了地表的土壤，这就叫水土流失。水土流失的后果很严重，会使土地贫瘠，岩石裸露，植被破坏，生态恶化。

水滴石穿

大家常常说到“水滴石穿”，我们可以用身边的小道具模拟一下这个现象。

准备好了吗

肥皂，水龙头，海绵。

开始游戏

1. 把海绵放在正对着水龙头的水槽里。将肥皂放在海绵上。

2. 打开水龙头，将水流调小，使水缓慢地滴落在肥皂的中心。

游戏中的科学

你会发现肥皂的中心凹陷下去了。这是由于水滴在肥皂上，在肥皂受撞击的部位，小颗粒会被冲掉，可以预见的是，如果滴水的时间很长，肥皂就会被滴穿。

你知道吗

肥皂硬度很低而且具有很高的易溶性，其实道理是一样的。岩石长期在水的侵蚀下，岩石也会自然地碎成小块。“水滴石穿”是一个成语，我们可以看一下它的来历：

一个叫张乖崖的人在崇阳当地方官，一个小吏从库房出来，张乖崖看见他头发旁的头巾下藏有一个铜钱，就问他，他说是库房中的。张乖崖就下令棍棒伺候，那个小吏大为生气地说：“才一个铜钱而已，你就要棒打我。你能打我，可你能杀我吗？”

张乖崖提笔写下判语：“一天一个铜钱，一千天就是一千个铜钱；绳子不断去锯木头，木头终究要断；水滴不断滴石头，石头终究会穿。”说完，拿着剑，走下台阶，斩其首级。

现在我们常常用这个成语表明只要人刻苦努力，事情就能成功。

神奇的龙卷风

大家一定在电视里面见过龙卷风，你知道它是怎么样形成的吗？

准备好了吗

2个圆气球，棉线。

开始游戏

1.将两个气球吹成一样大，用棉线系好开口。

2.用手拿住2个气球，直接向气球之间吹气，发现2个气球会靠近。

游戏中的科学

在2个气球之间吹气，会使气球之间的空气压力降低，而气球外侧的气压不变，故而气球会互相靠近。龙卷风形成时，中心部分由于空气快速上升，形成了很低的气压，因此它经过紧闭门窗的房屋时，会使房屋内外造成很大的气压差，从而撕裂房屋。

你知道吗

龙卷风是一种强烈的、小范围的空气涡旋，由空气强烈对流运动而产生，这种旋风由雷暴云底伸展至地面的漏斗状云（龙卷）形成，其风力可达12级以上，最大可达100米每秒以上，一般伴有雷雨，有时也伴有冰雹。

空气绕龙卷风的轴快速旋转，受龙卷风中心气压极度减小的吸引，近地面几十米厚的一薄层空气内，气流被从四面八方吸入涡旋的底部，并随即变为绕轴心向上的涡流。龙卷风中的风总是气旋形的，其中心的气压可以比周围气压低百分之十。

潜水艇的奥秘

潜水艇能在海里上浮与下潜。它是怎么办到的呢？

准备好了吗

1个玻璃杯，1瓶汽水，葡萄干。

开始游戏

1. 将玻璃杯里装上汽水。然后将葡萄干一粒一粒放入汽水中。

2. 观察发现，葡萄干上会有很多气泡，葡萄干会浮在水面上，翻转过来，然后再沉入杯底，当葡萄干沉入杯底以后又会冒出很多气泡。

游戏中的科学

葡萄干刚扔进水里的时候，它的重量大过水面的浮力，葡萄干便会沉下去。汽水中的小气泡就像小氢气球一样，绑在葡萄干上，使葡萄干变轻又浮到水面上去。当气泡破了以后又会沉下去。

你知道吗

潜艇主压载水舱注满水时，增加重量抵消其储备浮力，即从水面潜入水下。用压缩空气把主压载水舱内的水排出，重量减小，储备浮力恢复，即从水下浮出水面。艇内设有专门的浮力调整水舱，用于注入或排出适量的水，以调整因物资、弹药的消耗和海水密度的改变而引起的潜艇水下浮力的变化。

地球的“冰河世纪”

如果地球进入了冰河世纪，这个世界会变成什么样子呢？

准备好了吗

1个碗，1个冰块，清水。

开始游戏

1. 将冰块放入碗中。

2. 加入清水，观察冰块在水中的位置，发现冰会浮在水面上。

游戏中的科学

水并非完全遵守“热胀冷缩”定律，当水温降到4℃时，水反而会膨胀，体积增大，冰会变得比水轻。大块的冰块浮在水面上，从而使冰下面的水和冰上面的冷空气隔开，水的这个性质，间接保护了地球上的生命，因为如果海水全部结冰，海洋生命将会全部消失。

你知道吗

在近一百万年的第四纪中，有过几次冰川期，在冰期之间又有过气候较暖的间冰期。冰期和间冰期的交替造成了地球上冰川的扩展和退缩，并对整个地理环境，特别是生物界有极大影响。

一般所说的冰河时代，主要是指第四纪冰川的时代。因为它离我们最近，在地貌及沉积物等方面遗留下许多痕迹，使我们对它了解得比较详细。实际上在整个地球发展史中发生过好几次这样的大冰期，有时冰川的范围扩大到目前在赤道附近的北非、印度和澳洲。根据发展的观点来看，地球上今后还有可能发生大冰川的降临。

最近一次冰河时代结束于1万多年前，在那次冰河时代，冰川从两极一直向赤道地区延伸，在纽约这样纬度的地区，冰层竟也厚达1千米，那是个很寒冷的时代，我们人类的祖先就亲眼见证过这个时代。

第十二章　生活百乐门

鸡蛋上面的雕刻

准备好了吗

1个鸡蛋，醋，1个玻璃杯，彩笔。

开始游戏

1. 在鸡蛋上用彩笔画一些图案。向杯子中倒入一部分醋，刚好能淹没鸡蛋的用量。

2. 将鸡蛋放进去，浸泡几个小时。然后倒掉醋，再换一次新醋，再浸泡几个小时。

3. 从醋中取出鸡蛋，用清水洗干净，发现图案清晰可见。

游戏中的科学

经过醋泡的鸡蛋表面软化了，因为鸡蛋壳里含有钙质，而醋和钙会发生化学反应，并放出二氧化碳气体，但是由于彩笔画过的鸡蛋壳没有与醋接触，于是保持着原来的图案。

你知道吗

鸡蛋是人类最好的营养来源之一，鸡蛋中含有大量的维生素、矿物质、蛋白质。对人而言，鸡蛋的蛋白质品质最佳，仅次于母乳。它富含DHA、卵磷脂、卵黄素，对神经系统和身体发育有利，能健脑益智，改善记忆力，并促进肝细胞再生，鸡蛋中含有较多的B族维生素和其他微量元素，可以分解和氧化人体内的致癌物质，具有防癌作用。

你知道什么是“视觉盲点”吗

你了解你的视觉盲点吗？来做下面的游戏吧。

准备好了吗

1张A4白纸，1支笔。

开始游戏

1. 用笔在白纸上画一个圆点，然后拿起白纸，闭起一只眼。

2. 调节眼睛和白纸的距离，在某一个距离，你会发现纸上的圆点不见了。

游戏中的科学

这是视觉盲点的缘故，一只眼睛看东西的时候，形成了视野缝隙，这样造成视网膜上某一点没办法感光，于是形成了盲点。

你知道吗

视网膜上无感光细胞的部位称为盲点，盲点是视神经穿过的地方。这个地方没有视觉细胞，物体的影像落在这个地方也不能引起视觉。

由于人眼的视神经在视网膜前面，它们汇集到一个点上穿过视网膜连进大脑，如果一个物体的像刚好落在这个点上就会看不到，称为盲点。当我们用两只眼睛看东西时，同一点的反射光线到达左右眼睛的视网膜上的位置不一样，即使一条光线正好在盲点，另一条光线也不会在另一只眼睛的盲点，因此我们看见的都是完整的图像。盲点就是视网膜上没有视觉感觉细胞的那一点，你只用一只眼看东西时如果细心，就可以看到。

墨迹很难除去吗

墨迹很难除去，我们有什么别的办法来除去它呢？

准备好了吗

2个透明玻璃杯，消毒液，黑墨水，清水。

开始游戏

1. 取出一个玻璃杯，向里面倒入清水。然后滴入墨水，摇晃杯子，发现玻璃杯里的水变成黑色。

2. 向另外一个玻璃杯中倒入消毒液。将滴入墨水的水倒入这个杯子里，摇晃玻璃杯，发现水又变成清水了。

游戏中的科学

消毒液含有次氯酸钠成分，它具有漂白作用，墨水的主要成分是鞣酸亚铁。于是墨水被漂白以后变成透明的液体，我们从杯子外面观察就像是清水一样。

你知道吗

我们日常生活中常常使用“84消毒液”。84消毒液是一种以次氯酸钠为主的高效消毒剂。早期仅在医院内使用，用于多种医疗器械、布类、墙壁、地面、便器等的消毒。但是我们也得注意84消毒液有一定的刺激性与腐蚀性，必须稀释以后才能使用；84消毒液的漂白作用与腐蚀性较强，最好不要用于衣物的消毒，必须使用时浓度要低，浸泡的时间不要太长；84消毒液是一种含氯消毒剂，而氯是一种挥发性的气体，因此盛消毒液的容器必须加盖盖好，否则达不到消毒的效果。

味蕾的神奇作用

下面这个游戏能让我们体会到味蕾的神奇作用。

准备好了吗

糖，苦瓜，醋，食盐。

开始游戏

1. 用舌头上下分别感受下糖、苦瓜、醋、食盐的味道。

2. 你会发现甜味是在舌尖上尝到的，苦味是在舌根附近尝到的，酸味是在舌头侧面靠后的位置尝到的，咸味是在舌头侧面靠前的位置上尝到的。

游戏中的科学

口腔内感受味觉的主要是味蕾，其次是自由神经末梢。味蕾大部分分布在舌头表面的乳状突起中，尤其集中于舌黏膜皱褶处的乳状突起中。味蕾一般由40～150个味觉细胞构成，10～14天更换一次，味觉细胞表面有许多味觉感受分子，不同物质能与不同的味觉感受分子结合而呈现不同的味道。所以对各种味道的敏感度也不一样。

你知道吗

味觉是指食物在人的口腔内对味觉器官化学感受系统的刺激并产生的一种感觉。不同地域的人对味觉的分类不一样。

日本：酸、甜、苦、辣、咸。

欧美：酸、甜、苦、辣、咸、金属味、钙味（未确定）。

印度：酸、甜、苦、辣、咸、涩味、淡味、不正常味。

中国：酸、甜、苦、辣、咸、鲜、涩。

从味觉的生理角度分类，只有四种基本味觉：酸、甜、苦、咸，它们是食物直接刺激味蕾产生的。

看见钞票从指间溜走，你却抓不住它

看见钞票从指间溜走，你却抓不住它，是不是很懊恼呢？

准备好了吗

10元钞票。

开始游戏

1. 让父亲把钞票放在张开的食指和中指之间，让孩子集中注意力。

2. 父亲松开手，让孩子夹住钞票。发现孩子不管怎么努力都无法夹住这张钞票。

游戏中的科学

当人眼看到钞票落下，再做出夹钞票的动作，这个时间一般是0.2秒左右，而这个时候自由下落的物体已经下降了20厘米。所以孩子无法抓住钞票。

你知道吗

反应时间是指人从机器或外界获得信息，经过大脑加工分析发出指令到运动器官开始执行动作所需的时间。反应时间是从包括感觉反应时间（从信息开始刺激到感觉器官有感觉所用时间）到开始动作所用时间（信息加工、决策、发令开始执行所用时间）的总和。由于人的生理、心理因素的限制，人对刺激的反应速度是有限的。一般条件下，反应时间约为0.1～0.5秒。对于复杂的选择性反应时间达1～3秒，要进行复杂判断和认识的反应时间平均达3～5秒。

手的颤抖

想保持手平稳不颤抖？在没有支撑物的情况下是不现实的。

准备好了吗

筷子，小铃铛。

开始游戏

1. 将小铃铛穿在筷子上，用手平拿筷子，手臂与身体呈90°伸直。

2. 不一会儿，你就感觉很疲倦，越想保持手不动，铃铛越响。

游戏中的科学

人的肌肉本来是一会儿收缩，一会儿放松，只是平时很难观察出来。当伸直胳膊，保持一个姿势一段时间以后，肌肉疲劳，于是颤抖表现得很明显，从而带动铃铛一直响。

你知道吗

生理性手抖幅度小而且速度快，是一种细小无规律的抖动。生理性手抖在情绪波动或者极度疲劳的情况下出现。一旦引起手抖的上述原因消除，手抖也随之消失。还有一种抖动就是病理性抖动，需要去医院接受治疗。

你无法判断水温了

经过冷热洗礼以后，我们的皮肤无法准确地判断水温了。

准备好了吗

3个水盆，冷水，常温水，热水。

开始游戏

1. 将3个水盆在桌子上依次摆开，分别倒入冷水、常温水、热水。

2. 先把左右手放到冷水和热水两个盆子里。最后，把两只手全部放到常温的水中，起码在10秒钟之内，你是无法感觉到水是凉的还是热的。

游戏中的科学

所谓冷与热是以我们的皮肤温度做出的一个对比。当两只手分别接触不同温度的水以后，与左手相比，常温的水就是热水，可是对于右手来说，常温的水就是冷水。

你知道吗

人体是一个非常复杂精密的“设备”，感知体温的器官大致分为两类：外周温度感受器和中枢温度感受器。

（1）外周温度感受器

皮肤和某些黏膜上的温度感受器，分为冷觉感受器和温觉感受器两种。它们将皮肤及外界环境的温度变化传递给体温调节中枢。人类在实际生活中，当皮肤温为30℃时产生冷觉，而当皮肤温为35℃左右时则产生温觉。腹腔内脏的温度感受器，可以称为深部温度感受器，它能感受内脏温度的变化，然后传到体温调节中枢。

（2）中枢温度感受器

下丘脑、脑干网状结构和脊髓都有对温度变化敏感的神经元：在温度上升时冲动发放频率增加者，称温敏神经元；在温度下降时冲动发放频率增加者，称冷敏神经元。在下丘脑前部和视前区温敏神经元数目较多，网状脑干结构中则主要是冷敏神经元，但两种神经元往往同时存在。中枢温度感受器直接感受流经脑和脊髓的血液温度变化，并通过一定的神经联系，将冲动传到下丘脑体温调节中枢。

见过蛋黄没熟的蛋，见过蛋清没熟的吗

蛋黄没熟的蛋很常见，但是蛋清没有熟透的蛋你见过吗？

准备好了吗

鸡蛋，锅，温度计，水。

开始游戏

1. 向锅中倒入水，没过鸡蛋，打开燃气灶。

2. 插入温度计到水中，调节温度，保持温度在65～68℃之间。

3. 30分钟之后，水煮蛋就做好了，你打开鸡蛋会赫然发现，蛋黄凝固了，蛋清却没有凝固。

游戏中的科学

鸡蛋主要成分是蛋白质，蛋白质受热的时候就会凝固，不过凝固的温度不相同。蛋清在70℃以上开始凝固，80℃以上则完全凝固，而蛋黄在温度保持65～68℃时，就会凝固，我们注意到这个技巧，就可以煮出这种奇妙的蛋了。

你知道吗

煮鸡蛋看似简单，却不好把握火候，时间过短会使蛋黄不熟，时间过长会使鸡蛋变老不好吃。凉水下锅，水开后算好5分钟，煮出来的鸡蛋既杀死了有害病菌，又能比较完整地保存营养素。

如果鸡蛋在沸水中煮超过10分钟，内部会发生一系列的化学变化。蛋白质结构变得更紧密，不容易与胃液中蛋白质消化酶接触，所以较难消化。蛋品中蛋白质含有较多的蛋氨酸，经过长时间加热后，它会分解出硫化物，它与蛋黄中的铁发生反应，形成人体不易吸收的硫化铁，营养损失较多。

鸡蛋，发胖了

用醋泡鸡蛋，鸡蛋就会发胖。

准备好了吗

鸡蛋，杯子，醋。

开始游戏

1.将鸡蛋置于杯中，倒入醋，醋没过鸡蛋为止。

2.你会发现鸡蛋开始冒泡泡，静止3天，3天后发现鸡蛋的壳不见了，只剩下软软的半透明膜，而且体积比原来起码增加一倍。

游戏中的科学

鸡蛋的蛋壳不见了是因为蛋壳的主要成分是碳酸钙，杯子里冒出的气泡就是醋和碳酸钙发生化学反应所放出的二氧化碳气体。鸡蛋之所以能够体积增大，是渗透压的缘故。鸡蛋薄膜两边的物质浓度不相等的时候，就会产生渗透压，浓度较低的那边物质里的水会透过薄膜，渗入到另一边，以达到薄膜两边物质浓度相等为止，于是杯子中的醋就一直向鸡蛋里面渗透，把鸡蛋撑大，直至两边浓度相等。

你知道吗

其实我们从这个游戏里可以领悟到自然世界的精妙，当液体存在浓度差的时候，就会由高浓度流向低浓度，最后达到平衡。“平衡”是自然世界的法则之一。

泾渭分明

在下面的游戏中，我们可以看到黑白分明的水。

准备好了吗

2个杯子，盐，酱油，硬纸片，筷子，水。

开始游戏

1. 先给2个杯子中分别倒入酱油和盐，加入水，用筷子搅拌均匀，盐水越浓越好。

2. 将盛有酱油水的杯子盖上纸片，反扣在浓盐水的杯子上。慢慢抽出纸片，只见下面的盐水和上面的黑色酱油水泾渭分明，互不侵犯。

游戏中的科学

这个游戏能成功的奥秘在于浓盐水的密度比酱油要大，于是两杯水只会在表面部分有所接触，不会混在一起。这就相当于高密度的盐水把低密度的酱油托住一样。

你知道吗

应用同一个原理，我们可以把加有颜色的开水和冰水也如此倒立起来，这样可以观察到两种颜色的水互不侵犯的过程。随着温度的降低，我们会发现，这两种液体的水最终混合在一起。

变短的手臂

我们又不是机器人，手臂可以变短吗？那就来做下面的游戏吧！

准备好了吗

空旷的场地。

开始游戏

1. 双手水平前伸，两条手臂的长度基本上是一样长的。然后保持一手仍然水平前伸，另一手做30～50次屈伸运动，注意手臂要保持水平，动作幅度稍微剧烈。

2. 然后双臂回到原始前伸的状态，你会很惊讶地发现运动的手臂忽然短了好几厘米。

游戏中的科学

人体的关节之间是充满空隙的，里面充满了关节液，当手臂进行屈伸运动的时候，肌肉和韧带一直在来回伸缩，停止运动后，肌肉和韧带会产生暂时性的收缩，而且关节空隙也会相应缩小，所以手臂就会变短，稍等一会儿后，就会恢复到原来的长度了。

你知道吗

尽管人体的关节多种多样，但基本结构不外乎关节面、关节囊和关节腔。

（1）关节面：骨骼相互接触处的光滑面叫关节面。关节面为一层软骨覆盖称关节软骨。

（2）关节囊：由结缔组织组成，它附着于关节面周围的骨面上。可分为内外两层，外层为纤维层，由致密结缔组织构成；内层为滑膜层，由薄层疏松结缔组织构成，可分泌滑液，起到润滑作用。

（3）关节腔：就是关节软骨和关节囊间所密闭的腔隙。

身体的柔韧度

身体的柔软度是可以锻炼的，做下面的游戏你就知道了。

准备好了吗

空旷的场地。

开始游戏

1. 双腿并拢，膝盖伸直，身体向前倾，双手和头部朝地板下压。

2. 观察第一次手尖能碰到什么位置，然后一边呼气，一边弯腰持续做这个动作。你就会惊奇地发现手能接触的位置比第一次低得多。

游戏中的科学

人在呼气的时候，全身的肌肉和韧带会相应放松，而且持续做这个动作，韧带被拉伸，于是就能将手伸到第一次伸不到的位置。

你知道吗

瑜伽特别能锻炼人身体的柔韧性。它起源于印度，被人们称为“世界的瑰宝”。瑜伽发源印度北部的喜马拉雅山麓地带，古印度瑜伽修行者在大自然中修炼身心时，无意中发现各种动物与植物天生具有治疗、放松、睡眠或保持清醒的方法，患病时能不经任何治疗而自然痊愈。于是古印度瑜伽修行者根据动物的姿势，观察、模仿并亲自体验，创立出一系列有益身心的锻炼系统，也就是体位法。这些姿势历经了几千年的锤炼，瑜伽教给人们的治愈法，让世世代代的人从中获益。

分不开的手指

当两手保持一个特定姿势的时候，无名指是无法分开的。

准备好了吗

一张纸片。

开始游戏

1. 两手合十，无名指夹住一张小纸片，然后向内侧弯曲双手的中指，从而使两根中指的第二个关节并拢。

2. 发现只要中指的第二个关节还互相抵着，无名指是分不开的，从而那张纸片也是掉不下来的。

游戏中的科学

人体中连接骨骼的是韧带和肌肉，我们称之为“连接组织”，无名指和中指之间存在特别强的连接，于是当中指向下并被固定时，无名指就无法动弹，所以也就无法使纸片掉下来了。

你知道吗

这个现象被现代人无限演绎，变成了一个浪漫的故事：因为无名指分不开，所以结婚戒指是戴在这根手指上的。

无法抬起右脚

在特定情况下，你无法抬起右脚。

准备好了吗

平整的墙壁。

开始游戏

1. 左脚紧贴墙壁站立，身体站直。

2. 抬起右脚，发现只要想保持原先的姿势不动，右脚是不可能抬起来的。

游戏中的科学

人体是一个整体，要想右脚能抬起来，必须将身体的重心左移，但是在这个游戏中，我们的左侧身体刚好和墙壁是贴着的，重心移不开，所以保持这种姿势不动的情况下，右脚抬不起来。

你知道吗

我们还可以做同样原理的一个游戏，首先面对墙壁站立，脚尖紧紧顶住墙壁，这个时候再踮起脚尖，我们发现这无法办到。因为人如果要踮起脚尖，必须把身体重心前移到脚尖的正上方，而在脚尖紧紧顶住墙壁的情况下，这是不可能办到的。

缩小的瞳孔

瞳孔的收缩平时我们是感觉不到的，下面这个游戏中，我们可以一探究竟。

准备好了吗

1面镜子，手电筒。

开始游戏

1. 手持一面镜子，注视自己眼睛的瞳孔。

2. 让父亲用手电筒从侧面照射你的眼睛，你会看到镜子里自己的瞳孔迅速缩小。

游戏中的科学

人的瞳孔非常神奇，黑暗的时候会张大，以便尽可能吸收更多的光线；在明亮的地方却只张开一点点，以阻挡强光，以便看清物体。当我们的眼睛忽然被强光照射时，于是自动缩小，这不是意志所能控制的。

你知道吗

照相机光圈就是基于人类的瞳孔原理仿制而成，可以随光线的强弱而变大或缩小。

我们在照相的时候都知道，光线强烈的时候，把光圈开小一点，光线暗时则把光圈开大一点，始终让足够的光线通过光圈进入相机，并使底片曝光，但又不让过强的光线损坏底片。瞳孔也具有这样的功能，只不过它对光线强弱的适应是自动完成的。

套不上的笔帽

闭上一只眼睛，尝试给钢笔套上笔帽，发现很难成功。

准备好了吗

钢笔。

开始游戏

1. 一只手拿着钢笔，一只手拿着笔帽。

2. 闭上一只眼睛，将笔帽套上，你很难一下成功，总是笔帽和笔尖穿过。

游戏中的科学

人依靠左右眼的视差来测定自己和物体之间的距离，这被称为“三角测量”。因此闭上一只眼睛后，单靠另外一只眼睛无法判断准确的距离，你也就无法一次性成功地套上笔帽。

你知道吗

立体视觉是以单眼视力为基础，通过不断实践和锻炼，由双眼单视和生理性复视发展而来的。双眼视觉最主要的特点是把两眼视网膜上的两个像融合成一个像成为双眼单视。

单眼看只是二维平面视觉，双眼看是三维立体视觉，单眼的立体视觉是凭借人的视觉心理和实践经验获得的。

当人看较远的物体时，视差会变小，因此，如果有人从远处同时走向我们，我们很难判断到底谁离我们更近一些。

厨房里的仙境

舞台上的仙境在我们的厨房里也可以出现。

准备好了吗

厨房，干冰，手套，铁质脸盆。

开始游戏

1. 将脸盆置于洗碗槽内，放水。然后带上厚手套，取一小块干冰。

2. 将干冰置于脸盆中，只见脸盆里升起阵阵白烟，而白烟不会升起，只是盘旋在洗碗槽的底部。

游戏中的科学

干冰是二氧化碳气体在高压低温条件下制成的固体，它的温度在-80℃，当干冰遇到水以后，立刻就变成了二氧化碳气体。不过我们看到的白烟并不是二氧化碳气体，大家都知道二氧化碳气体是无色无味的。制作干冰的时候，空气中的微粒也相应封闭在低温的二氧化碳固体中，于是当干冰气化的时候，就会有小液滴或小冰晶出现，这就是我们看到的白烟。而二氧化碳的密度比空气大，所以无法上升，于是白烟就在低位徘徊。

你知道吗

有关干冰的历史可以追溯到1823年，当时，英国有两个叫法拉地和笛彼的人，他们首次液化了二氧化碳，1834年，德国的奇络列成功地制出了固体二氧化碳。但是当时只是限于研究使用，并没有被普遍使用。干冰被成功地工业性大量生产是在1925年，当时，美国设立了干冰股份有限公司，当时将制成的成品命名为干冰，现在已经将它视为普通名词，但其正式的名称叫固体二氧化碳。1928年日本从干冰股份有限公司得到了制造销售权，成立了日本干冰株式会社，也就是现在的昭和碳酸株式会社的前身。

涂画硬币

不用临摹，轻轻地摩擦，我们就可以画出硬币的样子。

准备好了吗

铅笔，薄的白纸，1元硬币。

开始游戏

1. 将硬币置于平整的桌面上，上面放1张白纸。

2. 用铅笔在放有硬币的位置摩擦，慢慢地，硬币的图案就浮现在纸上了。

游戏中的科学

硬币上的花纹和图案都是立体的，用铅笔摩擦盖在硬币上的白纸时，硬币上凹陷部分、凸出部分和铅笔的接触力量不一样，所以很容易就把硬币的图案给拓下来了。

你知道吗

凸版印刷就是这个原理，凸版上的图文部分远高于非图文部分，因此，油墨只能转移到印版的图文部分，而非图文部分则没有油墨。

当纸输送到印刷部件，在印刷压力作用下，印版图文部分的油墨转移到承印物上，从而完成一次印刷品的印刷。

刷完牙后去尝尝橙汁

刷完牙后再去喝橙汁，会感到特别苦，这是为什么呢？

准备好了吗

牙膏，牙刷，橙汁。

开始游戏

1. 喝一口橙汁，感觉很可口。

2. 刷牙后再喝一口橙汁，发现十分苦涩。

游戏中的科学

橙汁含有柠檬酸，而牙膏里一般含有碱性物质，于是两者发生中和反应，生成一种盐，这种盐让我们感觉很苦涩。

你知道吗

对牙膏的选择非常关键。牙膏是生活必需品，现在市面上的牙膏琳琅满目，其中相当一部分是含氟牙膏，不过，专家指出，6岁以下儿童使用含氟牙膏存在较大风险，因为氟是一种有毒物质，过量的氟不但会造成牙齿单薄，更会降低骨头的硬度。氟已经被世界卫生组织认定带有潜在毒性的微量元素，和铅汞微量元素排在一位。我国有20多个省市属于高氟地区，在这些地区使用含氟牙膏无疑雪上加霜。

检查一下洗衣粉的去污能力

洗衣服必须要用到洗衣粉，你知道洗衣粉的去污原理吗？

准备好了吗

玻璃瓶，食用油，水，洗衣粉。

开始游戏

1. 向玻璃杯中注入半瓶清水，再倒进一些食用油，这个时候，油漂在水面上，我们可以看见明显的界限。

2. 用力摇晃玻璃瓶，发现暂时油和水混合了，但没过一会儿，油和水又分成了上下两层。给玻璃瓶中加上一些洗衣粉，然后再摇晃瓶子，仔细观察，发现油和水不再分成两层，而是混合在一起。

游戏中的科学

洗衣粉的作用就是把一个一个油滴包围起来，均匀地分散在水中，这种作用叫作“乳化作用”。在这种作用下形成的油水混合物，就容易脱落下来，也就达到了我们想要的去污效果。

你知道吗

德国汉高在1907年以硼酸盐和硅酸盐为主要原料，首次发明了洗衣粉。洗衣粉是一种碱性的合成洗涤剂。现在的洗衣粉种类层出不穷，根据功能要求，洗涤剂中使用的增效成分有这样几类：提高洗净效果的，如酶制剂（蛋白酶、脂肪酶、淀粉酶等）、漂白剂、漂白促进剂等；改善白度保持的，如抗再沉积剂、污垢分散剂、酶制剂（纤维素酶）、荧光增白剂、防染剂；保护织物改善织物手感的，如柔软剂、纤维素酶、抗静电剂、护色剂等。